動画 付き改訂版

魅せる！ 新体操
団体 上達の
ポイント 50

日本女子体育大学教授
日本女子体育大学新体操部部長　橋爪みすず 監修

JN016456

は じ め に

　2021年の東京五輪には、日本からはフェアリージャパンが出場し決勝進出を果たしました。五輪本番での演技は、ややミスが多く悔しい思いも残ったとは思いますが、2004年のアテネ五輪のときは出場権を得ることすらできないほど落ち込んでいた時期もあったことを思えば地元開催のプレッシャーの中で健闘したと思います。

　2008年北京五輪に出場、2012年ロンドン五輪、2016年リオデジャネイロ五輪、そして東京と3大会連続で決勝進出と、団体に関しては日本は世界でも上位争いができるところまで競技力が上がってきました。東京五輪でのメダル獲得はならなかったフェアリージャパンですが、同年の世界選手権では種目別「ボール」「フープ＆クラブ」ともに銅メダルを獲得。フェアリージャパンの活躍のおかげで、「新体操といえば団体」をイメージする人も増えてきました。今も、日本全国で小学生から大学生まで多くの選手たちが、日々真摯に練習に取り組み、自分たちの団体作品に磨きをかけていることでしょう。

　現在は未就学児や小学生から新体操を始めるケースが増えていますが、ジュニアクラブや中学の部活などでは「まず団体」を経験することが多いようです。仲間たちと一緒に汗を流し、自分たちの作品を創り上げる。新体操の団体では、芸術スポーツのもつ魅力を存分に感じられると思います。が、一方でルールが複雑かつ厳格になりすぎていて、子ども達にとっては試合での点数や結果ではなかなか成果を感じにくい現実もあります。

　ただでさえ新体操は上達するのに時間のかかるスポーツです。さらに団体となると、自分1人の頑張りではどうにもならない部分もあり、挫折感に苛まれることも少なくないでしょう。それでも、自分たちなりにやり切れた！　という思いで団体を演じ切ったときの爽快感、達成感は何ものにも代えがたい宝物になるはずです。

　誰もがフェアリージャパンになれるわけではありません。しかし、誰もが輝くことはでき、また誰もが新体操を通じて素晴らしい仲間を得ることはできる可能性をもっています。

　本書は2018年に上梓した『チームで魅せる！　新体操団体上達のポイント50』を2022年ルールに合わせて見直し、参考動画をつけた改訂版となっています。今、毎日のように団体練習に明け暮れているあなたに、団体の面白さや素晴らしさをもっともっと感じてほしい。この本にはそんな思いがたくさんつまっています。新体操の団体を頑張りたいという方のお役に立てば幸いです。

新体操団体のルールについて

　新体操のルールは、オリンピックサイクルで改正されます。現在のルールは、2022年から適用されているもので、2023年のパリ五輪の年までは大きな改正はされません。

　2021年までの新体操ルールは、過去20年を振り返っても「もっとも慌ただしいルール」でした。とくに団体は、D得点に上限がなかったため、力のあるチームは極限まで手具難度で点数を加算するようになり、フェアリージャパンも、東京五輪のころには「3秒に1回は技が入っている」と言われるような演技になっていました。

　このルールにはスポーツらしい面白さがあり、エキサイティングな演技は増えましたが、あまりにも技ばかりの演技になってしまい、新体操の本来の良さだったはずの「芸術性」はかなり損なわれてしまいました。

　2022年からのルールは、そこをなんとか軌道修正しようと様々な変更が行われました。

●「芸術」「実施」の審判が分かれた。

●「芸術」の減点項目が詳細に定められた。

●演技中に入れられる連係の数に上限（シニア18個、ジュニア15個）を設けた。

　これらの変更は、新体操の芸術性を取り戻すという方向性を示したものです。

　ルール改正によって、戦略的には求められる能力や考え方が変わることがあるのが新体操ですが、基本的な部分が大きく変わることはまずありません。

　本書の記述もルール上の細かい部分は、いずれ違ってくるでしょうが、取り上げている気をつけるべきこと、やるべきこと、めざしたいもの、などは変わらないはずです。競技規則が多少変わったとしても、基礎でやるべきことに変わりはないからです。

　美しく、正確に難度を行い、手具を操作し、団体の場合は、交換や連係をミスなくやり切る。そして、芸術スポーツと呼ぶにふさわしい、人の心を動かす表現をめざす。

　それができれば、評価はついてくるはずなのです。2022年ルールからはよりその傾向が強くなっています。

　日本体操協会の公式サイトにもルール変更の情報は随時掲載されています。指導者の先生方も十分にルールの勉強はされていると思いますが、選手自身もルールにはぜひ関心をもってほしいと思います。

本 書 の 使 い 方

この章のめざす
ところ

この項目において
意識すること、
心がけたいこと

ポイントの概要を
説明

このポイントに関連する動画をチェックしよう!

●「必須条件」を満たし、得点の底上げをめざそう!

ポイント
11

確実性の高い
基本的な交換難度 (DE)は、
完璧に決める!

動画で
チェック!

　「交換難度（DE）」は、演技中に最低4個入れる必要があるが、手具の落下や手具同士の衝突、選手同士の衝突、バランスを崩したことによる選手の転倒や片手や手具で体を支えるなどがあれば、このDEは無効になる。

　5人の選手全員によるDEがカウントされれば、まず基本価値の0.2は得られる。そこに「追加基準」を付加することによって、DEの価値点を上げていくことができる。よく使われる追加基準には、「手以外」「視野外」「回転」「片脚/両脚の下」「床上

の位置」などがある。

　まずは、基本的な投げ方、受け方で移動や落下なく交換ができるように練習を積み、十分に熟練してきたら、追加基準を入れるという順番でDEのレベルアップには取り組んでいこう。

ここが ポイント!

　よく使われる床上での受けは、手具を受けながらではなく受ける前に床上に横たわらないとカウントされないので気をつけよう。

28

より上達するための
ヒント。

連続写真や悪い見本など、写真を多く
使用してわかりやすく解説

このポイントで
扱っている内容

5人同時の交換（ボール）

サブグループによる交換（ボール）

フロア上に5人が斜めになり、同時に
ボールを交換する。

3人は座位でボールを頭に後ろに、2人は立位で構える。

技のやり方、意識すべ
きこと

真ん中の選手だけが向きを変え、ボールをキャッチする。

座位の3人が先に、交換を行い、続けて立位の2人が
交換をする。

座位になり、脚と床の間でボールを受ける。

キャッチは全員が床にボールを押さえる形で行う。

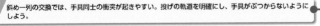

！ 斜め一列の交換では、手具同士の衝突が起きやすい。投げの軌道を明確にし、手具がぶつからないように
しよう。

ありがちなミスの注意
点やワンランクアップ
への提言

目 次

Part 1

団体競技の点数は
どう決まるのかを知ろう！

団体演技の中に必ず入れなければならない要素はなにか？
まずはそれを知っておきたい。そして、点数はなにを根拠に決定されるのか。
ただ決められた演技をなぞるのではなく、
今、自分たちは「何」をしているのか、それがどう得点につながるのか。
知れば意識も変わり、その意識が点数にも反映されてくるはずだ。

難度点（D）の
計算法を知ろう!

ジャンプのフォームが明確でないのでカウントされない。

新体操の団体競技では、以下の5つの難度要素を満たすことが求められる。

●**身体難度（DB）** ※ジュニアは最低3個

　最低4個のDBが必要となる。DBには、ジャンプ／リープ、バランス、ローテーションの3つのグループがあり、それぞれのグループから最低1個はDBを入れなければならない。5人全員で実施しなければならず、実施できなかった選手がいた場合は、そのDBは無効となる。（⇒ポイント8〜10参照）

●**交換難度（DE）** ※ジュニアは最低3個

　5人全員で手具の投げ受けを行うDEは、演技中にシニアは最低4個入れなければならない。手具交換は、長いまたは高い投げによって行う必要がある。（⇒ポイン11〜12参照）

●**全身の波動（W）**

　演技中に最低2個は入れなければならない。（⇒ポイント5参照）

●**回転を伴うダイナミック要素（R）**

　5人の選手すべてが同時または、連続的に行う必要があり、演技中に入れられるのは1個まで。（⇒ポイント13〜14参照）

●**連係（DC）** ※ジュニアは最低2個

　「投げを伴わない連係（CC）」最低3個、「高い投げと身体回転を伴う連係（CR）」最低3個、「手具の複数投げまたは複数受けを伴う連係」最低3個を入れる必要がある。演技中に入れられるDCはシニアは18個、ジュニアは15個まで。（⇒ポイント16〜19参照）

ここがポイント！

　2022年のルール改正以前は、連係の数に上限がなかったため、非常に演技が慌ただしく芸術性が損なわれていた。上限が定められたのは今回のルールの目玉だ。

ポイント2 芸術（A）、実施（E）の計算法を知ろう!

●技術的欠点
バランスをくずしている選手がいる。揃っていない。

2022年ルールから、公式大会では難度（D）審判が4名、芸術（A）審判が4名、実施（E）審判が4名という審判構成となった。2021年までは、芸術は実施に含まれていたが、今回のルール改正で芸術と実施は分けて、どちらも10点満点からの減点法で採点されるようになった。

●芸術的欠点（芸術審判が採点）

美的完成度の基準にのっとり、演技の構成とパフォーマンスの芸術性を採点する。「動きの特徴」「身体の表現」「ダイナミックな変化」「ダンスステップ」などが欠けた場合、その程度により0.3、0.5、1.0いずれかの減点となる。「つなぎ」「リズム」は都度0.1減点される。（⇒ポイント35〜37参照）

●技術的欠点（実施審判が採点）

演技を実施するうえで、身体的または手具の操作などにおいて見られる技術的な欠点がこれにあたる。「つま先が伸びていない」「膝の曲がり」なども、「身体の一部位の不正確な保持」として、その都度、0.1の減点がされる。団体においては、選手が5人いるため、1人でも不正確な選手がいれば減点になる。演技時間も長いため、積み重なるとこの減点だけでもかなり大きい。技術的欠点をいかに減らせるかが、団体のレベルアップには大きく関わってくる。（⇒ポイント38〜39参照）

ここがポイント!

2021年までは審判の数も「芸術的要素」2名、「技術的要素」4名だった。審判の数を見ても現在のルールが「芸術」を重要視していることがわかる。

ポイント
3

団体演技の必須条件「身体難度（DB）」の定義を知ろう!

演技中にシニア4個、ジュニア3個は入れなければならない「身体難度（DB）」には、3つのグループがある。

●ジャンプ/リープ

上位チームの団体演技では、ジャンプターンが多く見られるが、これは価値点0.4なので、5人揃って実施するにはかなり難易度が高い。5人で実施できるものを選択しよう。

●バランス

バランスには価値点0.1のものも多い。確実に5人で実施できるものから取り組み、徐々に難度を上げていこう。

●ローテーション

途中でふらついたり、跳んでしまうこととなく最後まで回り切ることを意識して、5人揃って回転できるようにしよう。

各グループから1個を選び、もう1個は、どのグループから選んでもよいので、チームの能力に合わせて、確実にカウントできそうなDBを選ぶようにしたい。

ここがポイント!

初心者のうちは、DBの中でかかととを下して実施するバランスが取り組みやすい。ただしかかとを上げない実施では、価値点が難度表より0.1下がるため、もとの価値点が0.2以上のものを選択しよう。

団体でよく使われる身体難度（DB）

●ジャンプ/リープ

ジャンプターン（価値点0.4）

鹿ジャンプ（価値点0.2）
※この写真では少しばらつきがあるが、前から
2番目の選手の形が理想。

●バランス

パンシェバランス（価値点0.5）
※かかとを下ろして実施しているので0.4

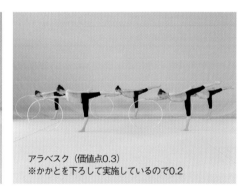

アラベスク（価値点0.3）
※かかとを下ろして実施しているので0.2

●ローテーション

フェッテターン（価値点0.1）※回転数が増えれば価値
点が上がる。

パッセターン（価値点0.1）

DBは、手具操作を伴って行われないとカウントされない。はじめは、「手具操作の行いやすさ」も考慮してDBを選択するとよい。

ポイント
4

団体演技の必須条件 「交換難度(DE)」の 定義を知ろう!

　全員がダイナミックに手具を投げ、受ける「交換(DE)」は、団体演技の大きな見せ場となる。DEでは、5人全ての選手が「自分の手具をパートナーに投げる」「パートナーからの手具を受ける」という2つの動作に参加することが求められる。

　DEをサブグループで行う場合、最初の交換がキャッチされてから、次のグループが手具を投げなければならない。DEの基本の価値点は0.2だが、この価値を上げ、1回のDEで高い得点を稼ぐには、投げ受

けの際に「視野外」「手以外」「回転」「床上」などの追加基準を行うことが必要となる。

ここがポイント!

　追加基準を行う場合、熟練度が低い間は、手具を受ける際に負荷をかけると落下ミスにつながりやすい。まずは投げを「手以外」「片脚／両脚の下から」、フープならば「軸回転を伴う投げ」などにすることから挑戦してみよう。

5人同時の交換（リボン）

基本の交換（価値点0.2）
※選手間の距離が8メートル以上

サブグループによる交換（フープ）

追加基準のある交換（価値点0.3）
※軸回転を伴う投げ

リボンを体の左側に引き、膝の屈伸を使って、投げる。

三角形になっている3人が先に自分の後ろに向かって投げる。

前の4人は自分の右斜め前の選手に投げ、一番後ろの選手が一番前の選手に向かって投げる。

2人の選手は交差しながら自分の後ろに向かって投げる。

スティックをキャッチしたらすぐにらせんをかき、リボンが床につかないようにする。

交差し終えたら、相手が投げたフープをキャッチする。

　後ろに向かっての投げは、慣れない間はコントロールしにくいが、投げの大きさは出しやすい場合が多い。投げはまっすぐ、を意識して体の向きで方向をコントロールしよう。

> ！　交換がカウントされるためには、「身長2人分の高さ」、あるいは「選手間に最低8mの距離」があることが必要となる。低い、短い投げによる交換はカウントされないので注意しよう。

ポイント 5 団体演技の必須条件「全身の波動（W）」の定義を知ろう!

　2022年のルール改正で重要性が増したのが「全身の波動（W）」だ。2021年以前のルールでは演技中に波動を入れることは、必須ではなかったため、選手たちの多くは、基本トレーニングで行うことはあっても演技に波動を組み込むことは少なかった。

　しかし、「芸術性」を重視した2022年ルールは、動きが直線的でないことを求めるようになり、流れるような柔らかさを感じさせる動きとして「波動」を演技中に2回入れることを求めるようになった。「波動」は、新体操初心者でもできる簡単な動きと思われがちだが、競技でカウントされる「波動」となると、頭から骨盤を通って足元まで（あるいはその逆）が求められ、安易に実施さ

れた動きの浅い不十分な波動はノーカウントになることも多い。

　演技中に波動が入っていないと1回につき0.3の減点となる。カウントされる正しい波動ができるように練習しよう。

●波動「甲座り」（バランスのDB）

「甲座り」（価値点0.2）

練習時は膝にサポーターをしよう。

●一般的な波動

足首まで深く踏み込むのがポイント。

大きく反って伸びあがる。

動画でチェック!

ここがポイント!

　波動の中で比較的カウントされやすいのが「甲立ち」「甲座り」と言われている。これらはバランスのDBにもなるので効果的に使いたい。

ポイント 6

団体演技の必須条件「回転を伴うダイナミック要素（R）」の定義を知ろう！

5人の選手が同じ方向に向かって進みながら手具を投げ上げる。

手具が空中にある間に2回連続でシェネをした後、自分が投げた手具をキャッチする。

「回転を伴うダイナミック要素（R）」は、大きい投げを行う間に、最低2回、体の回転を行うことにより成立する。団体の場合は、これを5人全員が同時か連続的に行った場合、有効となる。1個のRの価値点は0.2が基準となり回転が増えることにより価値点が上がっていく。

個人競技と同様、手具を投げる最中、手具が空中にある間の身体の回転中、または手具を受ける最中に追加基準を行うことで、価値点を上げることができる。

交換以外で、より広くフロアを使うことができるため、芸術的要素として重要になってくる「多様性」を表現する上でも、Rは有効に使えるようにしたい。

ただし、Rは5人の選手の中でもっとも少ない回転数で行われたものが団体としてのRの価値点となるので、全員が予定した回転数で行えるように練習しよう。

ここがポイント！

最後の回転は必ず手具を受ける最中に行うこと、団体でのRは選手全員が同じ方向に回転することが求められる。

ポイント
7

団体演技の必須条件「連係（DC）」の定義を知ろう!

　連係（DC）は、採点規則によると「各選手が1個またはそれ以上の手具と1名またはそれ以上のパートナー達との共同作業によって定義される。連係は選手間において正しく調和することが要求される」となっている。連係は、以下の5種類がある。

● 手具の高いまたは長い投げを伴わない連係（CC）
● 手具の高い投げと手具が空中にある間の身体回転を伴う連係（CR）
● 手具の複数投げを伴う連係
● 手具の複数受けを伴う連係
● 選手のリフティング/補助を伴う連係（CL）

　CC、CR、複数投げまたは受けは、演技にシニアは最低3個、ジュニアは最低2個ずつ入れる必要があるが、CLは必須ではない。また、連係はシニア18個、ジュニア15個が上限となっており、上限を超えた場合、減点はないが成功してもカウ

ここがポイント!

　1人の選手が2つ以上の手具を同時に投げる「複数投げ」は、よく使われる連係だが、これは「2つ以上」はいくつでも価値は0.2で変わらない。無理して3つの手具を投げるよりも2つで確実に行うようにしよう。

ントはされない。

CCは、1名の選手ある
いは複数の選手によって
同じ動作を連続3回しな
ければならず、「手具の
受け渡し」や「選手また
は手具によるリフティン
グ」などがあり、0.3の
価値点がある。

CRは、高いあるいは
長い投げを行い、その手
具が空中にある間に、身
体回転をし、投げた選手
自身あるいはパートナー
が手具をキャッチする。価値点は0.1だが、
回転する選手の数を増やしたり（最高3人
まで）、投げや受けに手具の追加の基準を

●大きな投げを伴わない連係（CC）

首の後でフープを弾いてパートナーへ渡す。

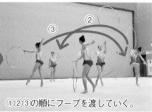

①②③の順にフープを渡していく。

●大きな投げと身体回転を伴う連係（CR）

3人でリボンを保持し、2人がボールを前に投げる。

リボンをくぐりながらジャンプシェネをしボールをキャッチする。

行うことで1つのCRで高い点数を得るこ
とができる。また、演技中にシニアは3回、
ジュニアは2回まではCRに複数投げ/受け
を組み合わせることがで
きる。

DCは、上限18個とい
う制限ができたとはい
え、0.3のDCを18個成功
させたとしたら5.4にな
る。得点を重ねるポイン
トになるので高得点を狙
うチームであれば積極的
に挑戦したい。

●複数投げ①

3本のフープを足に掛ける。

3本がばらけるようにバンシェで投げる。

●複数投げ②

3本のリボンを束ねて持つ。

3本がばらけるように投げる。

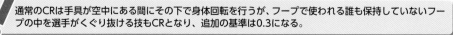

通常のCRは手具が空中にある間にその下で身体回転を行うが、フープで使われる誰も保持していないフープの中を選手がくぐり抜ける技もCRとなり、追加の基準は0.3になる。

「頑張っているのは私だけではない」と知る

　現在のフェアリージャパンが、年間通しての合宿という強化を始めたのは2006年。千葉県の廃校になった高校の体育館を練習拠点にして、選手たちは近くのマンションで共同生活。食事は自炊していた。現在のNTC（ナショナルトレーニングセンター）や、ましてやロシアではなく、今と比べれば、決して恵まれた環境とは言えなかったが、それでも合宿に踏み切ったのは、練習場所と時間を確保するため、だけではなかった。

　常に生活を共にすることで、頑張っているのは自分だけでない、私も頑張ってきたけど、みんなも頑張ってきたんだ、と実感できることに意味がある、と当時の強化本部長である山﨑浩子氏は言っていた。

　「極限まで緊張する大事な試合の本番の1本を迎えたとき、みんなで頑張ってきた、私もあなたも頑張ってきたよね、という思いがチーム内にあることが、必ず力になる。」

　その言葉通りに、フェアリージャパンは力をつけ、世界の表彰台にものるチームへと成長した。が、これはフェアリーに限ったことではない。個人競技だけやっていると、どうしても「自分の努力」にばかり目がいきがちだ。しかし、じつは「頑張っているのは自分だけではない」のだ。ときには、自分以上に頑張っている仲間がいるから団体演技は成り立っている。それを知ることができるだけでも、団体に取り組む意味は大きい。他人の努力に目を向けることができてはじめて、さらに自分も努力できる、そういうものなのだから。

Part 2

「必須条件」を満たし、得点の底上げをめざそう！

自分ではバッチリできたつもりだったジャンプ。
落下なしでこなせた交換や、投げて回転してのキャッチ。
たしかに悪い出来ではなかったはずなのに、点数が伸びないのはなぜか。
ひとつひとつの必須条件は、どのレベルでできたときに点数になるのか。
その基準を知り、クリアできるようにしよう。

ポイント8 確実にカウントされる ジャンプ/リープ(DB)を 身につける!

動画でチェック!

演技中にシニアは最低4個、ジュニアは3個は入れなければならない身体難度(DB)のうち、「ジャンプ/リープ」は、最低1個は必要となる。しかし、このジャンプ/リープの難度がカウントされるためには、十分な高さ、明確で正しいフォームが求められる。さらに、重い着地は0.1、不正確な着地などは実施で0.3の減点となる。また、ジャンプはどうしても跳躍力の差やタイミングによってばらつきがちなので、同時性の欠如として実施減点される場合が多い。熟練者の少ないチームであれば、ジャンプでの得点を確実にするために、まずは実施できそうな基本的なジャンプをしっかりと5人で揃えて行うことから始めよう。

ここがポイント!

開脚度を必要とするジャンプは上級者でもかなり難しい。しかも団体ではジャンプのタイミングまで揃えることは容易ではない。難易度の低いものから徐々にやっていこう。

フルターンジャンプ

もっとも基本的なジャンプ

ボールを床で突く。

ボールがバウンドしている間に、その場でジャンプして360度回転する。

柔らかく着地してボールをキャッチする。

　フルターンジャンプは簡単に見えるが、しっかり360度回り切ることと、空中でつま先が下を向くくらい伸ばすことが重要だ。

よくある団体のジャンプ

ジャンプターン

よく使われるジャンプだが、5人揃って高さ、開脚度を満たすのはかなり難しい。

鹿ジャンプ

価値点0.2のジャンプだが、前足が下がりやすく意外と難しい。（この写真では少しばらつきがあるが、前から2番目の選手の形が理想。）

ここをCHECK!

開脚ジャンプは、180度は開脚し、高さも出さなければならない。日々の柔軟やトレーニングを十分に行い理想のジャンプに近づこう！

理想の開脚ジャンプ

十分に開脚し、膝、つま先も美しい。

 DBは手具操作を伴わなければならないが、ジャンプ中の操作はかなり難易度が高い。同じ手具操作が繰り返されると、DBとしてカウントされないので注意が必要だ。

ポイント
9

正確な実施で バランス(DB)の 取りこぼしをなくそう！

動画でチェック！

　「バランス（DB）」も演技中に最低1個は必要となる。また、シニアでは身体難度（DB）4個と交換難度（DE）4個に自由選択を2個で10個の難度を入れる必要がある。ジュニアの場合も、DBが3個、DEが3個、2つは自由選択で8個の難度が必須となる。

　ちょっとした狂いでミスが出る可能性のある交換より、カウントできるバランスがあれば、そのほうが確実性は高いのだ。無理なく、確実にできるバランスを5人で揃えられるように練習しよう。

　バランスには少し柔軟性や筋力がつけばワンランク上の価値になるものもあるので向上心をもって練習しよう。

ここがポイント！

　バランスの形が最低1秒間保持されていなければ0.3の減点となってしまう。バランスをくずして、片手や手具で身体を支えると難度もカウントされず大きな減点となる。

フェッテバランス

比較的カウントされやすいバランス

動脚を90度、横に上げる。

体を90度ターンし、動脚は前パッセの形にする。

動脚を伸ばして、90度の高さにする。

それぞれの形はアクセント程度に見えればよく静止は必要ない。今、もっとも多くのチームが入れているバランスだ。（価値点0.3）

よくある団体のバランス

支持ありの横開脚バランス

手具操作もしやすく使いやすいバランス。価値点0.3。かかとを下して行うと0.2。

パッセバランス

価値点0.1のバランスなので、かかとは必ず上げて実施する。

ここを*CHECK!*

フェッテバランスの動脚が3回の形のうち2回が180度を伴う形であれば価値点は0.5まで上がる。股関節をずらさず美しい形で行いたい。

ワンランク上のフェッテバランス

脚を前に上げるときに股関節のずれが目立つので気をつけよう。

! 比較的取り組みやすい0.1のバランスの中では、身体の様々な部位によるバランスなどかかとを上げないタイプのものもあるので試してみよう。

ポイント10 しっかり回り切り、ローテーション(DB)で点数をとる！

「ローテーション（DB）」は、演技中に1個は入れなければならないが、ここで点数を確保することはかなり難しい。価値点は0.1下がるがかかとを下ろした実施でも点数になるバランスと違って、ローテーションは最低でも360度回る間は、かかとを高く保たなければならない。体は回っていても、回転の途中で5人のうち1人でもかかとが落ちればローテーションの得点はカウントされない。難易度の低いものから取り組み、360度回り切ってからかかとを下ろすところまでしっかり意識しながら練習しよう。

ここがポイント！

かかとを高く保つことが難しければ、「身体の他の部位によるローテーション」に挑戦してみる手もある。前後開脚して前屈した姿勢で床上を回るローテーションが価値点0.1になっているので試してみてもよいだろう。

パッセターン

取り組みやすいローテーション①

軸脚になる右脚に重心をのせて構える。

360度回り終えるまでかかとは高く保ち、パッセの形も崩さずに360度回れば0.1。

回り終わりはきちんと脚を揃え、かかとを高く保ち、美しい姿勢を見せよう。

90度ターン

取り組みやすいローテーション②

軸脚になる左脚に重心をのせた構えから動脚を前90度に上げ、軸脚のかかとを高く上げて回る。

回転中に動脚の高さが変わらないように注意する。360度回れば0.3。

ワンランク上のローテーション

上位チームはよく入れているパンシェでのローテーション。1回転で価値点0.5。

　回転中まで5人の回り方を揃えるのはかなり難しいが、少なくとも回り始め、回り終わりはきっちり揃ったところを見せられるようにしよう。動脚のつま先をのばすところまで意識して回ろう。

> ！ DBがカウントされるには、ローテーション中にも手具操作を行うことが必要となる。リボンやロープなど形の変わる手具を、回転しながらの操作するのは難しいので、力強く操作できるように十分練習しておこう。

ポイント11 確実性の高い基本的な交換難度(DE)は、完璧に決める!

「交換難度(DE)」は、演技中に最低4個入れる必要があるが、手具の落下や手具同士の衝突、選手同士の衝突、バランスを崩したことによる選手の転倒や片手や手具で体を支えるなどがあれば、このDEは無効になる。

5人の選手全員によるDEがカウントされれば、まず基本価値の0.2は得られる。そこに「追加基準」を付加することによって、DEの価値点を上げていくことができる。よく使われる追加基準には、「手以外」「視野外」「回転」「片脚/両脚の下」「床上

の位置」などがある。

まずは、基本的な投げ方、受け方で移動や落下なく交換ができるように練習を積み、十分に熟練してきたら、追加基準を入れるという順番でDEのレベルアップには取り組んでいこう。

ここがポイント!

よく使われる床上での受けは、手具を受けながらではなく受ける前に床上に横たわらないとカウントされないので気をつけよう。

5人同時の交換（ボール）

フロア上に5人が斜めになり、同時にボールを交換する。

真ん中の選手だけが向きを変え、ボールをキャッチする。

座位になり、脚と床の間でボールを受ける。

サブグループによる交換（ボール）

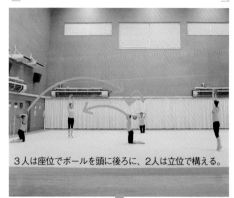

3人は座位でボールを頭に後ろに、2人は立位で構える。

座位の3人が先に交換を行い、続けて立位の2人が交換をする。

キャッチは全員が床にボールを押さえる形で行う。

❗ 斜め一列の交換では、手具同士の衝突が起きやすい。投げの軌道を明確にし、手具がぶつからないようにしよう。

ポイント
12

ワンランクアップをめざす難易度の高い交換難度（DE）にも挑戦する!

動画でチェック!

　1個の交換（DE）によって得られる得点を上げるには、「追加基準」をより多くつける必要がある。ここで紹介する交換の1つ目は、「手具が空中にある間に1つの回転を行い、手具をくぐり抜けながら、回転しながら受ける」と、3つの追加基準を行っている。そのため、このDEが成功すれば価値点0.5を獲得できる。

　しかし、無理して落下してしまえば、それで0.5減点。2歩移動してキャッチしても0.3以上の減点となる。難しいDEに挑戦する場合は、ミスなくできる確率をどこまで上げていけるか考えながら行わないと、やり損になってしまう可能性も高い。また、完璧にはできないまでもミスが起きたときでも、カバーしやすい追加基準を選ぶなどの工夫も必要だ。

ここがポイント!

　高さ、フォーメーション、大きさなど作品に合わせた多様なDEをやることにより、深みのある構成になる。

難易度の高い交換①（フープ）

フロア中央で円になり、前に進みながらジャンプしフープを投げ上げる。

※☆型に投げる

フープが空中にある間に、回転ジャンプを行う。

落下点でフープの下に入り、後方ブリッジで受ける。

難易度の高い交換②（フープ）

フロアに斜めに2対3で並び、左足でフープを踏んで構える。

前転しながら左足でフープを投げる。

前転し終えたら立ち上がり、フープを受ける。

前転しながらの脚投げは、フープが浮きにくく、ライナーで飛んでいきがちなので、キャッチが難しい。フープが浮き上がるように足から離すタイミングをつかもう。

ポイント 13

ダイナミック要素（R）が確実にカウントされるポイントをおさえよう!

　「手具を高く投げ、その手具が空中にある間に2回転をし、回転し終えると同時に手具を受ける」これがダイナミック要素（R）の定義だ。団体の場合は、それを5人全員が同時またはサブグループによって行うことで、有効となる。ただし、サブグループでの実施は、最初のグループが受けた後、次のグループが手具を投げなければならない。

　手具を投げるときやキャッチするときに、「視野外」「手以外」などの追加基準を行ったり、回転数を増やすことでRの価値点を上げることができるが、熟練度が高くない場合は、それよりも、「投げる⇒2回転する⇒受ける」を正確に行うことをまず心がけたい。回転にはさまざまな種類があるが、比較的取り組みやすいシェネやお尻回りでも、720度ちゃんと回り切り、その回転が終わると同時にキャッチする、ということはかなり難しい。シェネは進行方向正面向きから2回をしっかり回り、顔が正面向きに戻らなければならない。

　慣れない間は、2回転して落下点に入るのが間に合わない場合が多いので、まずは2回転を十分なスピードで回れるように練習しよう。

基本①　投げ⇒お尻回り⇒脚キャッチ

ボールをつかまないように注意しながら投げる。

ボールの軌道を確認しながら体勢を低くして回転に入る準備をする。

予測されるボールの落下点より手前（回転で進む分）で床に手をつき床上で横に2回転する。

基本② 投げ⇒前転⇒床に押さえてキャッチ

2本のクラブを片方ずつ頭と胴体（一番大きいところ）を持ち、身体の前でクロスして構える。

胴体を持ったクラブでもう片方のクラブを持ち上げ◎ようにして投げ上げる。

クラブの軌道を確認し、その方向に向かって素早く2回前転を行う。

2回の回転の1回目は素早く回り、手具の落下地点に近づくようにして、落下点に入るタイミングが早くなりそうな場合は、2回目の回転速度を調整しよう。2回の回転の途中に中断があるとRは無効になるので、中断しないように注意したい。

動画でチェック!

2回転目でクラブの落下点に入り、体を起こしながらキャッチに備える。

落ちてきたクラブを、手に持ったクラブで床に押さえてキャッチする。

ボールの落下点に膝がくる位置でボールを受ける姿勢をとる。

ボールが床に落ちた瞬間に膝を閉じ、キャッチ。つま先や背中のラインも美しく。

ここがポイント!

回転を終えてから手具をキャッチするまでに時間があくとRが認められなくなる。回転途中でも手具の軌道を確認し、回転の速さや方向を調整し、回転し終えると同時にキャッチできるように練習しよう。

より高い得点につながる高度なダイナミック要素(R)にも挑戦しよう!

動画で
チェック!

　「手具を投げて2回転してから投げを受ける」はじめはそれだけでもかなり苦労を伴うだろうが、慣れてくれば少し余裕が出てくるはずだ。

　次の段階では、いくつかの追加基準を加えることに挑戦したい。追加基準を入れれば1つのダイナミック要素(R)で、0.2よりも高い点数を稼げるようになってくる。比較的取り入れやすいのが、「手以外」(ポイント13で紹介したキャッチはどちらも手以外)や、「回転中の軸の変化」(シェネ⇒前転など)だ。基本のRが十分自信をもって行えるようになってきたら、1つずつ追加基準を増やしていけるようにしよう。

ここがポイント!

　「ダイブリープ」は、もう1回前転をつければRになるが、そこに「高さの変更」という追加基準がつくので、投げの最中に「ジャンプ前転＋前転」で0.3の価値になる。

フープのダイナミック要素

　手具が空中にある間に最低2回転する中で、回転軸を変化させることで0.1の加点、さらに回転数が1回増えて0.1の加点、受けでフープをくぐり抜けているので、「くぐり抜け＋手以外」で0.2の加点となり、この場合は0.6のRとなる。

5人の選手が同じ方向に向かって進みながら投げに入る。

選手2人分の身長の高さを超える高さでフープを投げ上げる。

フープが空中にある間にシェネで2回回る。

シェネの後に前転する。

落ちてくるフープの中に体を入れる。

体をひねりながら自然な動きでフープから抜け、立ち上がる。

リボン&ボールのダイナミック要素

　手具が空中にある間に最低2回転する中で、回転軸を変化させることで0.1の加点、さらに回転数が1回増えて0.1の加点となるので、0.4のRとなる。手以外キャッチはボールの選手のみなので加点にはならない。

リボンの選手は大きく円を描き、ボールの選手はボールを保持しながら大きく波動。

5人の選手が同じ方向に向かって進みながら、投げに入る。

選手2人分の身長の高さを超える高さで手具を投げ上げる。

フープが空中にある間にシェネで2回回る。

シェネの後に前転する。

ボールは脚キャッチ、リボンは手でスティックをキャッチする。

> ！「回転中のキャッチ」は、視野外でキャッチしないと回転中だと認められない。それだけ難易度が高くはなるが、入れることができれば、「回転中のキャッチ」＋「視野外」で0.2の加点をつけることができる。

プレアクロバットを演技に取り入れてレベルアップしよう！

ポイント **15**

動画でチェック！

プレアクロバットを実施するときも、膝やつま先など伸ばすべきところはしっかり意識して美しいポジションがとれるように心がけよう！

前方転回や側転などに代表されるプレアクロバットは、必須ではないので無理に演技に入れる必要はない。しかし、交換や連係、ダイナミック要素などでより価値点の高い技をしようとしたときに必要となる「回転」にプレアクロバットは使えるため、得意なプレアクロバットがあれば、演技の幅を広げることができる。

ただし、現在のルールではプレアクロバットは13のグループに分けられており、同一グループの技を1度の演技中のRと交換で同時に使うことはできない。たとえば、手具の投げの間に連続の前方転回してからキャッチするRが演技に入っているならば、交換で前方転回しながらの投げを使うことはできない。

また、プレアクロバットは原則的に停止はせずに流れるように実施することが求め

【前方転回】両手を床につく。

しっかり床を押し、肘を伸ばす。片脚ずつ蹴り上げ開脚する。

り、片脚が床につく前に肘が曲がった腹筋が緩まないように。

流れを止めずスムーズに立ち上がる。

られ、手で支持したまま体勢を固定する（ダンスのロッキングのような動き）ことは認められず、実施減点 0.3 になる。

■プレアクロバットの 13 グループ

①前方転回　②後方転回　③側転　④前転　⑤後転　⑥前方胸回転　⑦後方胸回転　⑧前方フィッシュフロップ　⑨後方フィッシュフロップ　⑩ブリッジを通過する横方向の回転　⑪背中を反らせた横方向への回転　⑫ダイブリープ　⑬脚をあげた回転（イリュージョンに似ているがDBではない）

プレアクロバットは、失敗すると頭や首にダメージを与える可能性があるので安全には留意したうえで挑戦しよう。

 プレアクロバットは、回転の方向が縦なのか横なのかでグループが変わるので、回転の方向が明確に見えるように実施しよう。曖昧な実施のために想定と違うグループに判定されてしまうと技は成功していても同一グループの技とみなされて無効になってしまうことがある。

ポイント
16

投げを伴わない連係(CC)を効果的に使って点数を積み重ねる

動画で
チェック！

現在のルールの中で、得点を稼ぐうえでも芸術性の評価を高めるためにもポイントとなっているのは連係だ。中でも演技中に3個は入れなければならない「手具の高いまたは長い投げを伴わない連係（CC）」は重要となる。この連係は、「高い、または長い投げ」を伴った場合は無効になるため、選手たちは小さい投げや、身体または床上の転がし、突き、リバウンド、押す、滑らし、手具の受け渡しなどによって5名全員が関わらなければならない。また、1名の

選手が同じ動きを最低3回実施、あるいは複数の選手たちで同じ動作を連続して最低3回行う必要がある。

ここが ポイント！

「次々に隣の選手の背中でボールをバウンドさせていく」「床上でフープを転がして次々に渡す」などもCCになる。難しい技ではなくても音楽との一致や同時性などで芸術性の評価につなげることもできる。

CC① （価値点0.4）

1人の選手が他4人の選手のフープを連続して弾いていくという連係。中心の選手が視野外でフープを弾くのが難しい場合は、視野外ではなく実施しても CC としては成立するが価値点は 0.3 になる。

自然な流れの中で主要動作を行う選手を囲む隊形になる。

中心の選手が大きく体を反らし周りの選手たちが保持したフープを自分のフープで弾いていく。

2人目の選手のフープを弾く。

3人目の選手のフープを弾く。

4人目の選手のフープを弾く。

ここを*CHECK!*

周りの選手たちはフープを弾かれるまでの時間、ただ待っているように見えていないか。やや動きが止まる瞬間だからこそ曲を表現するように心がけよう。

CC② （価値点0.5）

3人の選手が次々にフープを胸で弾いてパートナーに渡していく連係。「手以外」「視野外」の追加基準がつくので価値点は 0.5 となるが、かなり難易度は上がる。選手同士の距離が近くなりすぎないように注意。

①の選手が初めにフープに両腕を通して、主要動作の準備をする。

①の選手が胸でフープを弾いて飛ばす。

②の選手もフープに両腕を通して準備をする。

②の選手もフープを胸で弾いて飛ばす。

③の選手がフープを胸で弾く準備をする。

ここを*CHECK!*

胸でフープを弾いて飛ばすと高く上がらないため、キャッチが難しい。移動をせずにキャッチできるように投げをコントロールできるまで練習しよう。

! CC にプレアクロバットを入れる場合は、同一グループのものは 1 回しか使用できないが、同一グループであっても CC と CR それぞれに 1 回入れることはできる。CC の基本の価値点は 0.3 だが追加基準を満たすことで価値点は上がるのでプレアクロバットも上手に使おう。

ポイント
17

投げと身体回転を伴う連係(CR)で演技をダイナミックに!

動画でチェック!

CR(投げと身体回転を伴う連係)は、現在のルールでは演技中にシニアは3個、ジュニアは2個は入れなければならない。ここでの投げは「高い/長い/大きい」が必須となるので、2人分の身長の高さがあるか、8m以上の距離がある、あるいはその両方が必要となる。

ただし、この投げを行うのは1名以上の選手と定義されている。また、回転を行う選手が手具を投げ、受けること。熟練度の低いチームであれば、得意な選手を投げの担当にすることで、まずは落下なくCRを成功させるところから取り組み、徐々に投げる選手の数を増やしたり、回転しながらの投げ受けにも挑戦し、段階的に難易度を上げていくとよい。CRの価値点は0.1だが、主要動作を行う選手の数が増えれば0.1ずつ高くなり、投げ受けにおける追加基準を満たせばさらに価値点は上がる。

ここがポイント!

CCやCRなどの連係は、点数を稼ごうと思えば難易度を上げていくこともできるが、無理をせずミスなく演技が通せることを優先したものにすることもできる。チーム状況に合わせて戦略を立てよう。

CR①（価値点0.4）

1人の選手がフープを高く投げ、フープが空中にある間に前方転回を連続で行うことによりシリーズとなり価値点が0.2プラスとなる。主要動作を行う選手が投げを自分で受けているため交換ではなくCRとなる。

①がフープを高く、先方に投げる。

②の上を超えるように（+0.1）前方転回を行う。

③⇒④の順で投げる。

④が連続して前方転回を終え、②は立ち上がる。

①は自分が投げたフープをキャッチして③に向かって転がし、⑤が転がしたフープを④が受け取る。

ここをCHECK!

前方転回は、しっかり投げの下で行われているか。また、床上の選手の真ん中を通過しているか。落下はしなくても正確に実施されないとCRが無効になる場合もあるので気をつけよう。

CR②（価値点0.5）

主要動作を行う選手が2名なので基本の価値点が0.2となり、手具の中をくぐることで0.1、キャッチが視野外、手以外なのでさらに0.2の加点となる価値点0.5の連係。

①②がボールを高く投げる。

③④がリボンで輪を作る。

①②は③④が作ったリボンの輪をくぐりながら（+0.1）お尻回りをする。

①②は座のまま③⑤と背中合わせになる。

落ちてきたボールを2人ではさんでキャッチする。（+0.2）

ここをCHECK!

リボンでしっかり輪ができているか。きちんとその輪の中をくぐり抜けて回転しているか。背中合わせでのキャッチはタイミングが難しいので注意。

! CRとCCは、演技中に最低3個ずつ必要だが、連係の数の上限は18個なので、CR、CC、複数投げ（受け）それぞれ必須の3個を入れても残り9個は自由選択で連携を入れられる。演技に使える連係が増やせるように、様々な連携を試し、練習してみよう。

ポイント 18

「複数投げ/受け」を有効に取り入れ、点数をアップしよう!

団体演技の見せ場となる「複数投げ/受け」は、現在のルールではシニアは3個は入れる必要がある。複数投げは、「演技中、名の選手によってパートナー達（投げた選手自身ではない）に投げられた2個またそれ以上の手具の同時の高い投げ、または長い投げ」と定義されており、選手2人分の身長を超える高さか、8m以上の距離がなければならない。

反対の方向への投げであれば、2個でも複数投げと認められるが、同一方向への投げの場合は3個またはそれ以上の手具を同時に投げなければならない。複数投げを行う選手の数に関わらず基本の価値点は0.3だが、「視野外」「手以外」などの追加基準を満たすことで価値点を上げることができる。

「複数受け」の場合は、同時か非常に速い連続で受けることも認められている。「複数投げ/受け」は、CRとうまく組み合わせて使うと有効だ。

ボール2個を持っている選手が投げる。

前と後ろに向かって同時に投げている。

動画でチェック!

ここがポイント!

CRの主要動作を行う選手が複数投げを行った場合、CRの価値点にさらに複数投げの0.3が加わることになり、大きな得点源となる。難易度はかなり高くなるがチャレンジしがいのある技だ。

「リフト（CL）」で空間をダイナミックに使って見せる

ポイント
19

「リフト」は、必須ではないが連係としてカウントすることができる。5名の選手全員が関わって実施しなければならず、持ち上げられる選手が支える選手たちの肩の高さよりも上まで持ち上げられる必要がある。また、選手は4秒以内にリフトを実施しなければならず、選手を投げる、押し出す、引きずるなどは禁止されている。

追加基準がなく、価値点は0.2とそれほど高い得点にはならないが、演技中にリフトが入ることで、空間使用の多様性をアピールすることができ、演技をダイナミックに見せる効果がある。

また、印象的な音に合わせてリフトを実施することで、芸術点で評価される「ダイナミックチェンジ」や「エフェクト」などを満たすこともできる。（⇒ポイント24、25参照）

ここが ポイント！

リフトには5名すべての選手が関与することが必須だが、リフトされる選手またはリフトする選手間での手具の交換も関与として認められることから、様々なリフトを考えることが可能だ。

動画でチェック！

「団体の練習ばかりでかわいそう」は、本当か?

　たいていのクラブチームや部活動では、個人競技に出場する選手でも、団体を兼任していることが多いと思う。高校生くらいまではたいていがそうだ。

　しかし、大学生や日本代表クラスになると、個人選手は個人競技に専念している場合が多い。それを見ているからか、ジュニアや高校生の保護者などが、「うちの子は、団体の練習ばかりで、個人の練習をさせてもらえなくてかわいそう」と嘆くのを聞くことがある。とくに個人選手として期待されている選手だと、保護者としてはそう感じるようだ。

　「団体の練習がなければもっと個人の成績が伸びるはず」、1日の練習時間の大半を団体に割いているようだとそう感じてしまうのも無理はない。しかし、決してそんなことはない、と過去の多くの選手たちの例が教えてくれる。最終的には、個人選手として目覚ましい活躍をしている選手でも、団体を経験してきた選手はたくさんいる。むしろ、団体経験を積む中で力をつけてきた選手のほうが多いくらいだ。

　団体をやっていく中では、個人だけ練習していたのではつきにくい能力が育まれる。仲間の投げた手具に瞬時に反応する練習を繰り返し行っていれば、個人演技での自分のちょっとしたミスへの対処も飛躍的にうまくなる。また、体力もつく。そして、練習時間が少なければ、それだけ集中して、大切に個人競技の練習をするようになる。「団体兼任」はかわいそうでも不利でもない。個人選手としても成長する最大のチャンスなのだと知ってほしい。

Part 3

2022ルールの要・芸術点をしっかりキープ！

2022年からのルールでは芸術性の比重が高くなった。
しかし、「芸術性の高い演技」をめざしたいとは思っても、
果たしてどんな演技ならば芸術性を認めてもらえるのか。
そんな疑問をひとつひとつ解決し、
芸術点がとれる演技にしていこう。

ポイント
20

芸術点を確保するために 何が必要なのか 理解しよう!

2022 ルールから「芸術」は、「実施」とは独立して 10 点満点からの減点法で採点されるようになった。それだけ新体操の評価における「芸術」の比重は上がったと言えるが、新体操で求められる「芸術性」とは具体的には何を指すのだろうか。

採点規則には、構成の目的として「新体操とは音楽の選択を中心に個性ある構成を創り出すことによって定義される。選択した音楽が全ての動きの選択を導き、音楽の全ての要素が互いに調和した関係で創り出される」と記載されている。つまり、音楽をいかに表現するか、音楽との一体感のある演技構成であることが必須なのだ。

ここがポイント!

「リズム」に関しては、音楽のアクセントやテンポと演技が合っていない場合、その都度 0.1 が減点され最大 2.0 の減点となる。難易度の高い演技ではなくてもリズムがしっかりとれていればこの部分での減点は避けられる。

「芸術性」の評価は、かなり難しいと言えるだけに、具体的にいくつかの評価項目が定められている。①特徴（⇒ポイント21参照）　②ダンスステップコンビネーション（⇒ポイント22、23参照）　③身体の表現　④ダイナミックチェンジ（⇒ポイント24参照）　⑤エフェクト（⇒ポイント25参照）　⑥共同作業（⇒ポイント26参照）　⑦フォーメーション　⑧統一性　⑨つなぎ　⑩リズム　⑪造形（⇒ポイント27、28参照）　などだ。これらの項目はそれぞれに評価され、その欠けた程度により0.1、0.3、0.5、1.00いずれかの減点となる。

わずか150秒の演技の中に「入れなけ

● ダンスステップ

8秒間×2回が演技中に必須

● ダイナミックチェンジ

演技中に3回以上必要

● コラボレーション

4種類のコラボが必須

● 造形

必須ではないが、条件を満たしていないと減点になる。

ればならない項目」が多く、難しく感じる人も多いと思うが、逆に「求められているものを演技構成に取り入れ、実施できれば点数を得ることができる（減点されない）」と考えよう。「芸術性」という数値化することが難しいものを評価する上での基準がこれだけ明確に示されていることは、しっかりと知識をもち、創意工夫すれば、センスの有無にかかわらず一定の芸術点が得られる手がかりになるのだ。

！　「演技と音楽の終了が合わない」「4秒を超えるイントロダクション」「演技開始時、終了時に選手と接触していない手具が1個以上ある」「1名以上の選手が4秒以上手具なし」なども芸術での減点となる。

ポイント
21

作品に求められる「特徴（キャラクター）」とは何を指すのか知ろう

「特徴（キャラクター）」というと一般的に日本語で使われている意味と、新体操のルール上での意味は少し違っているのでわかりにくいかもしれない。採点規則では「特徴」を「動きは音楽の特徴を団体の解釈で明確に強調するものである。動きのスタイルまたは特徴は演技の始めから終わりまで展開されること」と定義されている。

つまり、『カルメン』の曲を使うのであれば、『カルメン』らしさを演技の始めか

ら終わりまで見せ続けること、が要求されているのだ。

具体的には、①難度の準備動作　②難

ここがポイント！

日頃の練習のときから、身体難度や投げなども必ず前後の動きからつなげて練習するようにしよう。「難度のみ」ではなく特徴を表す動きとセットで実施できるまで体に覚えさせたい。

度間の移行　③身体難度中あるいは終わり　④連携の間　⑤身体の波動　⑥つなぎのステップの様式　⑦交換、連係での投げの最中/空中下　⑧受けの最中　⑨回転要素中　⑩高さの変更　⑪リズムと特徴を強調するつなぎでの手具要素　などで、これらの手具と身体の動きによって、その音楽の「らしさ」を見せることで「特徴」という芸術の要素を満たすことができる。

●特徴の例1

①交換に入る前に曲の特徴を示すポーズ。

②ポーズのあと大きく手具を投げる。

●特徴の例2

①ダイナミック要素に入る前に全身を使った振り。

②手具を投げ上げ回転する。

　しかし、演技の大部分では特徴を表現できていても全てではないと評価されると0.3の減点となり、かなり多くの部分で欠けていたと評価されると0.5の減点になる。ほとんど特徴は表現されていなかった、あるいはダンスステップだけで辛うじて、という場合は1.0の減点となってしまう。

　とくに、身体難度や交換などの難度要素は、ミスなく成功させることに気持ちが集中してしまい、音楽を表現するような動きを加えることができなかったり、直線的で淡々とした動きになってしまいがちだ。これらは、特徴での減点につながってしまうので、難度要素中でも常に音楽を感じさせるような動きをするように振付をし、演じるように心がけることが必要となる。

●特徴の例3

①フェッテターンに入る前に曲の特徴を示すポーズ。

②プレパレーションからフェッテターンに入る。

> 「演技の始めから終わりまで」と採点規則には書いてあるが、キャリアの浅い選手たちの場合、いきなりそこをめざすのは難しい。まずは難度の前後など取り入れやすいところから少しずつ特徴を出していこう。

ポイント 22

8秒間×2回は必須！「ダンスステップ」の基本をマスター！

動画でチェック！

　「ダンスステップコンビネーション（ダンスステップ）」は、2022ルール以前から必須要素となっていたが、2021年あたりの団体演技はとにかく連係に次ぐ連係だったのでどこがステップだったのかわからない演技も少なくなかった。

　しかし、芸術の評価の比重が上がった2022ルールからは、このダンスステップのもつ意味はより大きくなってきたと言えるだろう。ダンスステップは、演技中に2回入れることが必須となっており、条件を満たさず無効となってしまうとダンスステップ1回につき0.5の減点となる。つまり、ダンスステップが2つとも無効だ

ここが ポイント！

　ステップでの表現を多彩にするためには、新体操に限らず多くの「舞踏」を見ることが必要だ。バレエやヒップホップ、インド舞踊、フラメンコ、フラダンスなど多くのステップの引き出しを作っておこう。

と1.0の減点になるが、それだけではない。「芸術」での評価で求められる「音楽との一体感」を見せるには、このダンスステップは大きな役割を果たすので、単に減点でつく差以上の差を演技にもたらすのがこのダンスステップなのだ。

採点規則には「音楽の解釈を表現するための身体と手具の明確な一連の動き」とダンスステップは定義されており、「動きに明確な特徴があること。音楽の特徴、リズム、テンポとアクセントによって振付されること」が求められている。

また、ダンスステップは、①最低8秒間はっきりと見えること　②大きな投げ、プレアクロバットは入れられない　③CCを入れることはできるが動きが中断しないこと　④ダイナミック要素（R）は入れない　⑤手具の落下がない　を満たさない場合は無効になる。

ダンスステップこそは、その音楽のもつ特徴を表現できる要素なので、単に音やアクセントに合わせて動くだけでなく、情熱的な曲、優雅な曲、チャーミングな曲、荘厳な曲などそれぞれの音楽のもつ世界観を感じとれる振付をし、身体の動きや顔の表情まで工夫しよう。とくに民族音楽を使用する場合は、それぞれの国や民族独特のステップがあるので、音楽のもつ背景までも掘り下げてステップに意味をもたせ、より深い表現ができるように

左手でボールを掲げ、足首をフレックスにしたチャーミングなポーズをとる。

両腕でボールを転がしながら、ステップで軽やかに前に進む。

フォーメーションを変え、右脚を横に出して重心をおとし、腕をクロスしてボールをはさむ。

心がけたい。

年齢が低い選手、キャリアの浅い選手であれば、基本的にはかわいらしく、楽しい雰囲気で無理なく表現できるダンスステップから始めるとよいだろう。

ダンスステップ中に身体難度を含めることはできるが、身体難度を全員で実施した場合は、DBの数としてカウントされるので注意が必要だ。

ポイント 23 作品の芸術性を高める魅力的なステップに挑戦する！

動画でチェック！

　ダンスステップは、8秒間のステップ中に手具落下があった場合は無効になってしまうので、キャリアの浅いチームであれば、はじめのうちは手具操作ではあまり冒険せず、音楽に合わせて生き生きと踊ることを優先するほうがよいと思う。

　しかし、より高い芸術性があり、かつ新体操ならではのダンスステップをめざすならば、徐々に手具操作でも曲をおおいに表現することを試み、ダンスステップがその演技の中で大きな見せ場となるようにしたい。

　採点規則には、「（ダンスステップは）頭、肩、手、腕、腰、脚、足など、特定の音

ここがポイント！

　ダンスステップ中の移動は、2ステップやギャロップ、ランニングなどのような一般的なものだけにならず、多彩な動きで行えるようにしたい。小さく跳ぶ、しゃがむなど高さの変化をつけるのもよい。

楽に合うようにすべての身体の部位を含めること」と記載されている。ステップとは言っても求められているのは足の動きだけではなく、ステップに連動した身体のあらゆる部分の動きも必須であり、当然そこには手具も加わってくる。手具の持ちっぱなしは当然、実施でも減点されるが、減点にはならないまでも、辛うじて止まってはいない程度、あるいは単調な操作などでは、ステップの価値を高めることはできない。

　新体操の手具は、それぞれの手具なりに特徴と魅力がある。できればステップ中こそ、その魅力を存分に発揮できるように手具を操作したい。大きな投げ（高い投げ）は認められていないが、小さな投げを入れることは可能なので、リボンのエシャッペやクラブのジャグリング、フープの様々な部位での回し、ボールの突きや転がし、ロープの飛び越しなど曲調に合わせて取り入れれば、よりステップが彩り鮮やかになり、それこそは手具を使わない舞踏では見せることのできない「新体操ならではのステップ」であり、「新体操ならではの芸術性」に繋がるのだ。

　多彩な手具操作をめざせばミスも出やすくはなるが、せっかくの8秒間×2回のステップをより味わい深く、印象的なものにするためにできることには積極的に取り組んでみてほしい。また、身体的に

前後開脚している3人と立っている2人で高さの差もあり、表情も違う。立っている2人は前に出した腕と正面を見据える目線で強さを表現している。

3人が立ち上がり、5人でやや前傾の同じポーズをとりながら、フープの軸回しを行う。

右腕、右脚を前に大きく踏み出し、腕の先を見据え、この後フープの背面転がしにつながる。

はまだ難しいことができない選手たちこそは、ステップ中はおおいに手具を使って曲を表現するとよいだろう。すぐに点数にはつながらなくても、新体操で曲を表現する楽しさを知ることが後では必ず生きてくる。

！ ダンスステップ中に選手が転倒したり、バランスを崩して手具で身体を支えるなどするとそのステップは無効になる。さらに、実施でも減点が入るため、大きな点数を失うことになるので気をつけよう。

ポイント 24

作品にメリハリをつける「ダイナミックチェンジ」は明確に見せる

動画でチェック！

2022 ルールには、「音楽の対比を、手具と身体の双方により、テンポ、特徴、動きの強度の対比によって反映させる」と記載されており、演技の中にダイナミックチェンジが 3 つ以上ない構成だと減点される。ダイナミックチェンジが 1 つしかなければ 0.3、2 つの場合は 0.5、まったくなければ 1.0 の減点となる。

ダイナミックチェンジは、1 人または数名の選手によって行うことができるが、最低でも 1 つは 5 人全員で行うことが求められており、交換やダイナミック要素（R）、ジャンプなどを使う場合が多い。

ここがポイント！

ダイナミックチェンジを満たすためには、音楽の選択も重要になってくる。150 秒の中で明確に曲調が 3 回は変わるものを選ぶようにしよう。様々な曲を聴き、常に候補曲を何曲か上げられるようにしたい。

ダイナミックチェンジ1

3：2のフォーメーションでの5人での交換の後、フロア上に斜め一列になってフープの脚投げでの交換を行う。この投げのタイミングが曲の変わり目に合うようになっており、曲調の変化を強調している。

①2人は後方、3人は前方に手具を投げる。

②投げ中に5人とも回転する。

③フロアに斜め一列になり、キャッチ。

④フープを足に掛ける。

⑤パンシェ投げで交換する。

ここをCHECK!

斜め一列は美しいラインになっているか。Rと交換の投げのタイミングは5人揃っているか。曲の変わり目の音と脚投げは合っているか。

ダイナミックチェンジ2

フロア面を大きく使って5人揃ってのジャンプターンの後、5人での大きく高い投げでの交換を入れ、この投げで曲調が変わる。交換の受けもアクロバティックで価値点アップと演技に迫力を増す効果がある。

①5人がフロアに広がり、ジャンプの準備に入る。

②連続のジャンプターン。

③ジャンプターンを終えた位置で交換。

④フープの落下点を見定め、体をフープの中に入る位置に。

⑤視野外でのキャッチ。

ここをCHECK!

ジャンプターンは十分な開脚度と高さがあるか。ジャンプと交換の投げのタイミングは5人揃っているか。曲の変わり目の音と投げのタイミングは合っているか。

ダイナミックチェンジには投げやジャンプなどわかりやすいものが使われることが多いが、やや難易度は高くなるが、短く意図的な一時停止を効果的に使うこともできる。

ポイント
25

「エフェクト」を意識して音楽との一致が感じられる演技をめざそう

動画でチェック！

映画やドラマなどで「効果音」という言葉を聞いたことがあると思う。ドアが開く場面で「バーン」、砂浜を歩く場面での「きゅっきゅっ」などその場面をより効果的に見せるための音が「効果音」と言われる。

新体操の「エフェクト（効果）」はその逆で、音（音楽）のアクセントを表現するための「動き」のことだ。「効果音」が音を後からつけるのに対して、新体操のエフェクトは音楽が先にあり、それを際

立たせることができる動きをつけるのだ。

採点規則には、「動きは、視覚的イメージで音楽の特定の瞬間を強調させるとい

ここがポイント！

曲によってはエフェクトの入れどころが難しいものもある。まずは、わかりやすくアクセントが多く入っている曲を選び、どんな動きを合わせるとよいか考えながら、自然に体が動くまで何回も曲を聴き込んでみよう。

う明確な目的で実施された時、効果を生み出すことができる」と記載されており、身体難度、交換、連係、ダイナミック要素などを音楽のアクセントに合わせて行うことで、演技と音楽の一体感を見せることができる。

難度以外のものでも、曲の特徴的なアクセントに合わせた動き、手具操作などを入れることでもエフェクトは成り立つ。音に合わせて手具で床を叩く、床で突く、リボンでらせんや蛇形をかくなども使いやすいだろう。

エフェクトの数には上限がないのでうまく入れられるなら、より多く入っているほうが演技の彩りを増すことができるが、ルール上では演技中に2つはないと減点される。1つ欠けると0.3、まったくないと0.5の減点になる。エフェクトである

●エフェクトの例1

①5人揃っての大きな波動。

②音に合わせて大きく伸びる。

●エフェクトの例2

①曲のアクセント合わせて左の2人がフープで床を叩く。

②次のアクセントで奥の選手もフープで床を叩く。

ことがはっきりわかるような入れ方で2つは入れるようにしよう。

とくにエフェクトとしてカウントされるものではなくても、音楽のアクセントをとらえた動きや表情は、演技の芸術性を上げるうえでは大きな力になり、点数にもつながっていく。エフェクトを意識した演技ができるように心がけよう。

●エフェクトの例3

①フェッテバランス。

②動きの3つのアクセントを音に合わせる。

！ 使用する曲の中で最も印象的な部分には、演技の中でもっとも見せ場になる動きをエフェクトとして入れられるとよい。大きさのある交換や、ジャンプが得意なチームであれば迫力のあるジャンプなどは効果的だ。

団体演技には必須！
4種の共同作業を
理解しよう

動画で
チェック！

団体演技には、5人全員が参加しての共同作業を入れなければならない。共同作業を効果的に取り入れることで団体ならではの面白さを見せることができる。

2022ルールでは、①「カノン」（同じ動きを5人で次々に実施）　②「コントラスト」（速さ、強さ、高さなどが対比する動き）　③「コーラル」（5人が同時に異なる動きを実施）　④「シンクロ」（同じ大きさ、速さ、ダイナミズムなどを伴った同じ動きを5人同時に実施）という4種の

共同作業が必須となっている。

4種のうち1つ欠ければ0.3の減点になる

ここがポイント！

「シンクロ」は、ほとんどのチームが身体難度を5人揃って行うことでクリアできるはずだが、実施の乱れによって同調性に欠けると「シンクロ」のコラボレーションとしても認められないので、できれば身体難度以外にもシンクロを入れておきたい。

のので、4つともなければ1.2とかなり大きな減点になる。

しかし、そもそもここで求められている共同作業とは、従来の団体演技にもたいていは組み込まれていたものであり、とりたてて新しい技術の習得が必要なものではない。ただ、入れていなかったために減点になることを防ぐため、この4種が必要だということを意識して演技を構成しよう。

共同作業は、身体難度、

●カノン

①選手が次々にフープを大きく回しながら自らも回転する。

②流れるように切れ目なく実施する。

●コントラスト

①右側の2人と奥の3人に分かれて動く。

②2人はフープで床を叩き、3人は小さくホップ。

交換、ダイナミック要素、連係など難度要素で行うことはできるが、各種類の1つは必須の要素として、ダンスステップやダイナミックチェンジなどの芸術的要素で行うことが要求されており、不足した場合は減点されるので注意が必要だ。

●シンクロ

①5人揃ってのフェッテターン。
②回る速さ、脚の角度なども揃えることを意識して。

●コーラル

①5人がそれぞれ違う動きをする。

②動きが違っても共通するテーマを感じさせるように。

> 「シンクロ」以外のコラボレーションは、5人それぞれだけでなくサブグループでの実施も可能だ。3:2、4:1など組み合わせの違いによるバリエーションも工夫してみよう。

団体の醍醐味
「身体での造形」に
チャレンジしよう！

演技の開始時、または終了時に限り他の選手たちや手具のサポートによって、1人の選手を床から持ち上げることができる。持ち上げることができる選手は最大でも1名で、持ち上げる時間は4秒以内。開始時ならば、動き始めてから床に着地するまでで4秒、終了時は持ち上げられる選手が床から離れ、最後の選手が動き終わるまでで4秒となっている。

また、選手を投げ上げる、持ち上げられた選手が上でジャンプや、手支持、肘支持、首支持などをすることは許可されておらず、0.5の減点となる。

「造形」は必須要素ではないので入れなかったことによる減点はないが、演技にスケール感やダイナミックさを加えるインパクトがあるのでチーム状況や使用する音楽によってはチャレンジしてみてもよいだろう。

ここがポイント！

支える側の選手は、地面に足、膝、背中などが触れている必要がある。ブリッジの体勢で支えになることは許されておらず、支える選手の身体に過度な負荷をかけてはならない。

ポイント 28 演技のアクセントに「手具での造形」を取り入れてみる

マチックに盛り上げることができる。

ただし、形を作る際に、あまりにも時間がかかってしまったり、造形によって手具が体についてしまうことで、ミスの原因になりやすいような場合は無理に入れる必要はない。

ステップを踏み、踊りながら気がついたら形ができているような、自然な流れの中でできる造形ならば、観客や審判にも大きなインパクトを与えることができるに違いない。

年齢の低い選手たちやキャリアの浅い選手たちであれば、最初に造形を入れるという手もある。また造形をほどくときもスムーズにほどけるように工夫し、練習を重ねておこう。

「手具での造形」は、必須要素ではないが効果的に入れることができれば、「エフェクト」や「ダイナミックチェンジ」として使うこともでき、演技のアクセントになることが期待できる。

各手具の特性を生かした独創的な造形ができれば、団体作品の中でもっとも印象に残る瞬間になる可能性もあり、演技をドラ

ここがポイント！

完全に形ができた瞬間は5人全員が止まって見せることになるが、作り上げるまでの時間、足は止まっていても上体や腕や顔で表現をし、緩慢に見えないような工夫をしよう。

団体選手は女優であれ

　フェアリージャパンを取り上げたテレビ番組などで、海外での指導について「女優になれ」と言われる、という話がよく出てくる。フロアに上がったら常に演技しろ、美しくあれ、という教えだが、これはとくに団体選手に関しては的を射た言葉だと思う。

　「美しくあれ」は、実際のところはなかなか難しい。新体操は見た目よりもハードなスポーツなので、必死に練習していれば髪はぼさぼさ、化粧なんてしている余裕もないのが普通だろうから。しかし、団体選手になったら、たとえ小学生でも、フロア上で演技する上ではその世界を演じ上げる一員という意識を持って女優のように演技することは必要だ。

　また、傍から見たら、団体はどのチームもみんなとても仲が良く、一丸となっているように見える。演技に入る前にアイコンタクトし、声をかけ合っている姿には、感動するくらい「仲間」そのものだ。しかし、実際はどうかというと、毎日厳しい練習をしているのだから、もめごとも少なからずあるだろうし、気の合う相手ばかりではないはずだ。試合の前日にいさかいしている可能性だってある。

　それでも、団体演技をするときには、「5人が一体」「最高の仲間」という風に見えるように演じることが、団体をうまくやっていくためには必要だ。そこでは女優になってほしい。

　たとえ現実はそうでなかったとしても、「5人で1つ」を演じる。演じ続けていれば、いずれそれが本物になることだってある。それが団体の醍醐味なのだ。

Part 4

団体演技の要
「投げ受け」完全マスター！

個人競技でも必要ではあるが、団体ではなおさら重要なのが
「投げ受け」の技術だろう。
キャッチするのが自分ではなくチームの仲間なのだから、
より正確で、受けやすい投げができるようにしたい。
投げ受けの基本とテクニックを学ぼう。

華やかな投げ受けが魅力！
様々なパターンに挑戦したい
〜フープの投げ受け〜

ポイント
29

動画で
チェック！

手具の投げ受けには、個人と団体で違いはない。ただ、自分で投げて自分で受ける場合に比べると、より正確にコントロールする必要がある。また自分がミスなくできればいいというものではなく、周囲の状況を見る力や判断力が求められる。

フープは、団体でももっとも華やかで見栄えのいい作品が多い。手具操作の工夫もしやすく、手具が大きく、最悪どこかをつかめば落下は防げるため、高得点も出やすい傾向にある。一方で、落下してしまえば場外に転がる可能性も高い。また、手具同士の衝突も起きやすいなど怖さもある種目だ。

ここがポイント！

フープは、脚投げなど「手以外」の操作がしやすく、2〜3本まとめての投げなどもやりやすい。基本の投げ受けをマスターしたら加点が狙えるこれらの投げにも挑戦してみよう。

フープの投げ受け①

右腕を伸ばし、高い位置でフープをキャッチする。

投げた軌道を確認する。団体演技の際は、このあとすぐに自分がキャッチしなければならない手具のほうを見る。

肘を伸ばし、なるべく身体から遠いところで、目標とする地点（受ける相手のところ）に落ちるように軌道を考え、投げ上げる。

ここを CHECK!
目標とする地点にめがけて投げると高さが出ない。演技の中でどのくらいの距離の投げが必要かを確認し、そこを落下点にするにはどの角度で投げ上げればよいのかを把握し、その角度で投げられているかチェックしよう。

フープの投げ受け②

フープの落下地点に身体をもっていき、背面をフープに向け、両腕をフープに入れて広げてキャッチ。

斜めに投げるとコントロールが狂いやすいので軌道をしっかり確認する。

身体の前でフープを両手で床に対して斜めに持ち、身体の左側に一度引いて投げの体勢に入る。

ここを CHECK!
フープは、「軸回転を伴う投げ」や、「視野外の受け」「手以外の受け」「首や足などでのダイレクトな受け」「身体の上を転がしながらのダイレクトな受け」など投げ受けのバリエーションが豊富なので様々な投げ受けに挑戦してみよう。

こんな受け方も!

落ちてくるフープに伏臥で脚から入り、脚を開いてキャッチする。

！ 受ける相手がいない状態で投げの練習をするときは、落下目標地点（受け手がいる位置）にフープなど目標物を置き、自分の投げがそこに落ちているかどうか確認しながら練習し、誤差が小さくなるようにしよう。

「落下」は命取り!
正確な実施をめざそう
〜ボールの投げ受け〜

動画で
チェック!

　ボールは基本となる投げ受けだけでも、片手でのキャッチなどはかなり難易度が高く、試合本番に5人そろって正確に行うにはかなりの練習を要するだろう。しかし、他の手具に比べて投げ方、受け方の種類も多くないので、難しい投げに挑戦することを焦らずに、基本の投げ受けをしっかりマスターしよう。片手キャッチは、交換やRでの追加基準にもなっており、5人揃ってきちんとできるようになれば、武器にもなる。

　また、案外ボールはフープより飛びにくいので、必要な距離が出せるよう手だけでなく全身を使って遠くまで投げられるようにしよう。

ここがポイント!

　ボールの「手以外」のキャッチでは脚を使うことが多いが、タイミングが少しでもずれると脚でボールを弾いてしまい、場外にもつながるので見た目よりもリスクは高い。脚キャッチは確実にできるまで練習しよう。

ボールの投げ受け①

腕を伸ばしてなるべく高い位置でボールに触れ、そのまま腕を引いてキャッチする。

腕の振りを使って大きく投げ上げる。

膝の屈伸を使って、肩の高さくらいでボールを手から放す感覚で投げる。

ここを CHECK! もっともシンプルな投げ受けだが、ボールは「つかまない」という基本的なことが非常に難しい。つかむのが癖になってしまうと、投げの感覚も違ってくるので、ボールはつかまずに投げ、操作できるようにしておきたい。

ボールの投げ受け②

落下点に入って座り、脚を開いてボールがその間に落ちた瞬間に膝を閉めてキャッチする。

片足で立っているため、バランスが崩れやすいが、しっかりと立って投げが狂わないように。

足首にボールをはさみ、そのまま脚を振り上げ、軸脚の膝の高さくらいの位置でつま先を伸ばしてボールを放す。

ここを CHECK! ボールは投げ方のバリエーションがあまりないので、脚での投げは重要となる。はじめは足首でしっかりボールを保持することを練習しよう。ボールを放すタイミングを繰り返し練習してつかみ、ボールが高く浮くようにしたい。

 ボールは落下してしまうとどこまでも転がってしまい、場外になる可能性も高い。正確なキャッチをめざして練習を重ねる一方で、実際の試合では「とにかく落とさない」ということも重要になる。片手キャッチなどは意識しないと、通しではどうしても両手になりがちなので、1日1回は「絶対に片手」と決めて通しを行うなど工夫してみよう。

バリエーション豊富!
工夫して独創性を出そう
〜クラブの投げ受け〜

動画でチェック!

クラブ
NO 得点 1 0.7 5 0
D 0 5 0 E 0 5.4 0 0
減点 0・0 0

　団体では全員がクラブを持つ「クラブ×10」のほか、シニアでは、「クラブ&フープ」「クラブ&ボール」などクラブを含むアンサンブルもある。

　新体操の手具の中では唯一2つの手具のため、苦手にする選手も多いが、こと団体に関しては、クラブは投げ受けでも工夫の余地が多く、技術の高いチームにとっては高得点を狙える種目とも言える。さらに現在は、ジョイントができるクラブが開発されたため、クラブをつないでの使用や輪に

するなど独創的な使い方が見られ、楽しい作品も多い。団体にとっては強い味方となる手具・クラブは、ぜひ得意にしてほしい。

ここがポイント!

　クラブは「2本同時」「非対称」「滝状」など2本を投げることでRや交換の追加基準になる。クラブの投げ受けはスピード感があるのでスリリングな構成になるよう工夫しよう。

クラブの投げ受け①

飛んできたクラブを、持っているクラブで床に押さえるようにしてキャッチする。

肘を伸ばした延長線上でクラブを放すイメージで投げる。

団体演技の中では、自分の投げる方向に身体を向け、投げはまっすぐに、を意識する。

ここを CHECK!

クラブの投げは、空中で回転しすぎるとキャッチしにくい。交換などの大きな投げでも回転数を2〜3回におさえたい。回転数をおさえるにはクラブの頭（端についている小さい玉）から先に押し出すように投げるようにしよう。

クラブの投げ受け②

飛んできたクラブを、足で踏むようにしてキャッチする。

つま先が軸脚の膝の高さくらいまできたらつま先を伸ばしてクラブを放し、投げ上げる。

ジョイントしたクラブの細い部分を足首にのせ、そのまま脚を振り上げる。

ここを CHECK!

ジョイントの投げは、まずジョイントをしっかり行い、足首にクラブをのせる際にバランスがとりやすいようになるべく真ん中に近いところをのせるようにしよう。片脚を上げたときにふらつかないことも意識したい。

こんな投げ方も！

クロスして下になったクラブで押し上げるようにして上のクラブを投げる。

クラブの操作は、頭をもつのが基本で、ミスによって他の部分をつかむと減点になる。投げ受けが乱れた場合は落下するよりはよいが、頭以外の部分を持ったまま演技を続けずすぐに持ち直すようにしよう。

※頭（クラブの玉の部分）

ポイント
32

力強い操作で
大きなミスを防ごう!
〜リボンの投げ受け〜

動画でチェック!

　リボンは5手具の中ではもっとも操作が難しく、とくに投げには苦労する選手が多い。ましてや団体となると5本のリボンが同時に空中にあることにもなり、絡まったりする悲劇もまま起きる。この難しい投げを攻略するには、腕の力だけで投げるのではなく体とスティックの重さを使った円運動で投げることを心がけたい。

　また、コントロールをつけるためには、リボンを投げようとするのではなく、スティックの軌道を意識しよう。スティック

を思うところに投げられれば、リボンはついていく。あとはリボンが空中で美しく舞えるように思い切りよく投げることだ。

ここがポイント!

　リボンは演技中に床に1mより長くついてしまうと0.3の減点になる。この減点を回避するためには、身体からなるべく遠くでリボンを扱い、描きやはらいをしっかり行い、リボンに力を与えるように意識することだ。

リボンの投げ受け①

腕を伸ばして高い位置でスティックの端をキャッチし、すぐにリボンをはらう。

右腕を大きく振り上げ、なるべく高い位置でリボンから手を放し、投げ上げる。床にリボンが残らないように高く投げよう。

左手でスティックを持ち、右手でリボンのジョイントに近い部分を持ち、膝を曲げて投げの姿勢に入る。

ここを CHECK!

リボンを腕だけで投げようとせず、膝の屈伸を利用して体を伸び上がらせながら大きく動いて全身で投げるように意識しよう。まずは高く投げ上げることをめざし、徐々に距離をのばし、コントロールもできるようにしていこう。

リボンの投げ受け②

リボンを足に掛け投げの準備をする。リボンの掛け方によってリボンの飛び方も変化するので調整しよう。

もぐり回転をしながらリボンを投げる。リボンを足から離すタイミングによる飛び方の違いをつかもう。

落ちてくるスティックを背面でキャッチ。しっかり視野外がとれる位置でキャッチしよう。

ここを CHECK!

リボンは、演技中には床につかないように操作するのが原則だが、もぐり投げのように足にリボンを掛ける場合は例外になる。しかし、足に掛ける際に必要以上に長くリボンが床についた状態にならないように素早く操作しよう。

! 演技中にリボンに結び目ができた場合、2022年ルールでは「操作に最小限の影響を伴う小さな結び目」ならば0.1、「中くらい/大きな結び目」ならば0.5かそれ以上を、結び目に対して1度のみ減点するようになった。結び目に対する減点は変わることが多いので、常に最新の情報を意識しておこう。

ポイント 33 投げの巧拙の差が見えやすい 〜ロープの投げ受け〜

動画でチェック!

　ロープは、シニアになると個人競技では使わなくなる手具だが、団体では使われている。2017 - 2018 シーズンは、「ボール＆ロープ」のアンサンブルが団体種目になっていたが、2つ折りにしたり、片端を持って長く使ったりと形をアレンジできるロープならではの使い方のバリエーションがあり、面白い作品が多かった。

　ロープは基本的に開いて持ち、ロープの片端をそれぞれの手に保持するが、熟練していない選手の場合は、ロープに張りがな

く、交換でロープが空中にある際に形がゆがんでしまうということも少なくない。比較的投げの練習はしやすい種目なので、得意になるまで練習を重ねたい。

ここがポイント!

　ロープの操作には「張り」を持たせることが必須だが、張りを出すためには、ロープの重みを生かすことが重要だ。投げの場合も、2つ折りならその折った部分の重みを感じながら投げるように心がけよう。

ロープの投げ受け①

ロープの両端を左右それぞれの手でキャッチする。

肘を伸ばし高い位置でロープを受ける準備をする。

肘を伸ばして身体の斜め前の高い位置でロープを放し、投げ上げる。

ここを CHECK!
ロープの両端を両手でそれぞれキャッチするのは、意外に難しく、Rや交換では追加基準にもなっている。両端をとるためにはロープがよい形で受け手のところに飛ぶ必要があるので張りをもった投げができるようにしよう。

ロープの投げ受け②

床をたたいて戻ってきたロープの端を左手でキャッチする。

落ちてきたロープの片端を右手でキャッチし、もう片端を大きく回して床にたたきつける。

ロープを前から後ろに回して跳び、前にきたロープをそのまま投げ上げる。

ここを CHECK!
投げることを意識しすぎると縄跳びでひっかかってしまうことがあるので、まずはちゃんとロープを跳んでから、身体の前に腕をしっかり伸ばして斜め上に上げたところでロープを手から放すことを意識しよう。

こんな投げ方も!

団体の交換でよく使われるパンシェでの脚投げ。

> ！ ロープは端を余らせないで持つのが基本だ。投げ受けでうまく端がとれなかった場合は、素早く持ち直して端を持つようにしよう。受けた時点で 0.1 の減点、ロープの端を余らせたまま演技を続けるとさらに減点されてしまう。

投げ受けのミスを上手にカバーするテクニックを身につけよう

ポイント
34

　2022年のルール改正では、移動の減点が少なくなった。「1歩の移動は0.1」「2歩の移動は0.3」「3歩またはそれ以上（シャッセ）の移動は0.5」の減点となる。落下となると減点は大きくなり、その場でぽろりとこぼして取り戻しても0.5減点、1〜2歩移動して取り戻したら0.7減点と、容赦なく減点される。これが団体となると、個人以上にミスの回数は増える可能性が高く、実施得点がなくなってしまうチームも出てきてしまう。

　それだけに、少々投げが乱れていても、移動せずに粘り強くキャッチして減点を最小限にすることを常に意識して演技するよう心がけてほしい。

ここがポイント!

　落下したあと手具が場外に出てしまうと、距離に関係なく1.0の減点となる。ロープやリボンの端が少し出ただけでも線審から減点が入るので、気をつけよう。

ミスをカバーするテクニック

離れたところに飛んできたリボンを、移動はせずに上体を伸ばすことでキャッチしている。キャッチした後にバランスを崩さないように注意しよう。

座位でのキャッチで、短く飛んできたクラブを上体を前に倒し、クラブで床に押さえることでキャッチしている。立ち上がって移動するよりもよい判断だ。

大きすぎたフープの投げを、上体をそらし大きく腕を伸ばすことでキャッチしている。

前後開脚して上体を伸ばすことでずれた位置に飛んできたスティックをキャッチしている。

座位でキャッチできずこぼれたボールを床に両腕で押さえることで、さらに転がって場外になることを回避している。

　ここに紹介しているカバーリングの例は、本来ならば褒められるものではない。より美しい姿勢で正確なキャッチをするのが目指すべき姿だからだ。しかし、とくに団体の場合は、人が投げた手具を受けなければならない。自分で投げた場合は、手具を手から放す瞬間にある程度狂いも分かるが、人の投げだとその判断も少し遅れてしまう。それでいて移動や落下の減点が大きいとなれば、少々不格好になっても、とにかく「移動せずにとる」「落とさない」という強い気持ちが必要になる。ただし、無理な体勢でキャッチした後に、床に手をついたり、転倒などすればそれもまた減点になってしまうので気をつけよう。

!　団体では投げた直後に、自分のところにくる手具をキャッチしなければならない場面が多いので、投げ終えたらすぐに受ける手具のほうを見ることが必要だ。常に視野を広くもち、メンバーの動きを意識して、自分がどう対処すべきか素早く判断しよう。

「控え選手」がチームを強くする

　団体のメンバーに登録されていても、本番のフロアで演技できるのは5人だけだ。しかし、練習は、レギュラーと同じようにある。自分は本番に出ないからと練習を休んだりしていては控え選手としての役割を果たしていない。控えなのだから、レギュラーがケガでもしたらいつでも代わりに入れるように、すべてのポジションの演技を覚えなければならない。さらに、毎日の練習で注意されていることや変更点などもすべて頭に入れておくことも求められる。

　それは、ある意味、自分のポジションが決まっているレギュラーメンバーよりも大変だ。さらに、何かのアクシデントで出番が回ってきたときには、その少ないチャンスで練習の成果を見せなければならない。そのプレッシャーは、毎回演技に入っている選手より遥かにきつい。

　そんなに大変な控え選手に、我が子がなると親はたいてい「かわいそうだ」と言う。「報われない」と泣く人もいる。しかし、誰もが控え選手を経験できるわけではない。誰よりも努力していても、本番のフロアには立てない。それはたしかにつらいことには違いない。が、その立場にいるからこそ得られるものの大きさは計り知れない。選手としても、人間としても控えを通して大きく成長する選手は多いのだ。そして、控え選手が控えとしての務めを十分に果たしているチームでは、レギュラー選手もうかうかしていられず、必死になる。結果、チームが強くなるというよい循環が生まれる。「控え選手」の力は侮れない。

減点を減らして、得点力をアップ！

2022年から「芸術」と「実施」の審判が分かれ、
より細かく減点がされるようになった。
とくに減点項目がより増えた「芸術」は、
現在のルールにおいてはポイントとなってくる。
何がどう減点の対象になるのかをしっかり理解し、
より多く点数を残せるようにしよう。

減点には「芸術減点」と「技術減点」があることを理解する

2021年までのルールでは、「芸術」+「技術」の10点満点からの減点法によって「実施点（E）」を決定していたが、2022年からは「芸術」「技術」それぞれに10点満点から減点するようになった。

「芸術減点」に関しては、ルール改正前よりもかなり細かく減点項目が設けられたため、高いD得点を稼げる構成を技術減点少なく実施するだけでは、芸術減点によってトータルの得点は伸びなくなっている。芸術減点を少なくするためにクリアするべきポイントをしっかり押さえるようにしたい。（⇒ポイント36参照）

一方で、難易度の高い演技内容ではなくても、音楽を生かし、表情豊かな演技を、技術減点少なく実施できれば、以前のルールよりは得点が出やすい傾向にもなってきているので、ジュニア選手やキャリアの短いチームにとっても励みになりそうだ。

ここがポイント!

ある程度熟練した演技のできるチーム間では、芸術減点ではあまり差がつかない傾向にあり、やはり技術減点が勝負の分かれ目になることが多いので、勝負にこだわるならば実施力を上げる練習をしよう。

～芸術・技術ともに関わるフォーメーション～

　演技中には、多様なフォーメーションが求められ、それが欠けると程度によって 0.3 の芸術減点がつく。またフォーメーションのラインが不正確な場合はその都度、技術減点が 0.1 ついてしまう。

ここをCHECK!

交換、バランス、ローテーション、R などフォーメーションによって見せやすいものがある。それぞれのフォーメーションで止まっているとき、またはそこを起点にしてどう動いていくことができるか。交換や連係はどう組み合わせればスムーズにいくかなど、より多くのバリエーションを考えてみよう。

Check1　ローテーションやジャンプ、手具操作などがぶつかりやすいフォーメーションになっていないか。

Check2　交換で手具の軌道がぶつからないようなフォーメーションになっているか。

Check3　選手が重なり合って、難度や操作が審判から見えにくくないか。

それぞれのフォーメーションによって、表現しやすい雰囲気がある。③④⑥⑧などは力強さを出しやすく、①②⑤⑦は、止まったときに、静けさなどを見せやすい。曲のイメージにふさわしい表現ができるフォーメーションを選ぶようにしよう。

！ フォーメーションはフロアのどの位置で作るかも重要となる。センターに偏らずコーナーも使うようにし、スケール感を出すように意識しよう。

ポイント 36
2022年ルールの肝「芸術減点」とは何かを理解する

採点規則には、以下が減点項目として定義されている。

①動きの特徴　②ダンスステップ　③身体の表現　④ダイナミックな変化　⑤身体／手具の効果　⑥共同作業　⑦フォーメーション　⑧統一性

これら8項目は不足の程度により0.3、0.5、1.0いずれかの芸術減点がされる。

⑨つなぎ　⑩リズム　の2項目は、欠点が見られると0.1刻みで減点されつなぎは最大1.0、リズムは最大2.0まで減点される。

⑪音楽と演技終了時の動き　⑫音楽規範　⑬身体での造形　⑭手具と選手の接触

これら4項目は、欠点の程度により0.3または0.5の減点となる。

まずは2022年ルールが求めている「芸術」とは何かをしっかり理解しよう。(⇒3章参照)

ここがポイント!

芸術性の高い演技を目指すなら、身体や技の練習だけでなく作品への理解を深めるために音楽をよく聞き、5名全員の選手たちのエネルギーの強さが揃うように練習しよう。

つなぎの悪さ

この隊形で身体難度を行ったあと、3人が自然な動きを伴ってのように移動。

この隊形に変化し、次の連係などを行う。こういう「つなぎのよさ」が必要になる。

演技中の動きがすべてつながって見えるように工夫をしよう。

Check1 身体難度の前の構えが長くなりすぎ、動きが止まっていないか。

Check2 交換や連係の投げの前に準備動作が入っていないか。

Check3 隊形が変わるときに、何か動きを伴わず「わざわざ」位置を移動していないか。

スケール感に欠ける

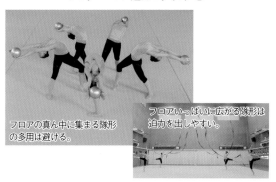

フロアの真ん中に集まる隊形の多用は避ける。

フロアいっぱいに広がる隊形は迫力を出しやすい。

ここを**CHECK!**

中央、コーナー、対角線などフロアを隅々まで使おう。

Check1 5人の距離が近い場面が多すぎないか。手具の受け渡しが小さい投げばかりになっていないか。

Check2 フロアに大きく広がってもその場で止まっていないか。フロアで大きく移動をしているか。

Check3 常に立っているのではなく高くとんだり、座位を使ったりして、高さの変化も見せているか。

同じパターンの重複

後ろ3：前2の隊形でのバランス。

バランスの種類や手具の扱いは違っても隊形は同じ。

ここを**CHECK!**

同じフォーメーションを多用せず最低6種類は違うものを用意しよう。

Check1 身体難度を見せる場面がいつも同じ隊形になっていないか。

Check2 フロア内で移動する方法が同じになっていないか。

Check3 交換が同じパターンばかりになっていないか。

「やりやすさ」「見えやすさ」を優先して考えると、どうしても演技のパターンは決まりきってくる。音楽との一致を意識する上でも、曲のイメージを生かした様々な動きを常に工夫しよう。

芸術的評価につながる音楽の選び方を心得よう！

　工夫を凝らした演技構成であっても、音楽が単調で、魅力のないものであれば、その作品の芸術的評価は高くはならない。そのくらい音楽は、新体操にとって重要な要素となっている。

　2022年ルールには、「新体操とは音楽の選択を中心に個性ある構成を創り出すことによって定義される」と明記され「選択した音楽が全ての動きの選択を導く」と続いている。音楽は決してBGMではなく「音楽を表現する」＝新体操なのだ。

　2013年からは歌詞のあるボーカル曲の使用も認められているので、時にはライブ会場のような盛り上がりになる作品も見られるようになってきている。

ここがポイント！

　ステップだけでなく投げや身体難度なども、「ここで入る！」とイメージしながら曲を聴いてみるとよい。演技中にアクセントがずれると気持ち悪いと感じるくらい音楽は大事に使いたい。

年齢・レベルに合った曲

　見た目も動き方もかわいらしい、幼い印象なのに大人びた曲。技術的に拙いのに大仰でドラマチックな曲。こういうミスマッチな選曲は印象もよくない上、演じる選手たちも気持ちが入りにくく、表現も小さくなりがちだ。選手やチームのイメージに合った曲で踊ると選手も曲に入りこめて、同じ動きをしていても見え方はぐっと変わり、それは得点にも反映してくるはずだ。

アクセントのある曲

　団体ではとくに、曲のアクセントに合わせて交換が入ったり、連係が入ったりすると、審判にもはっきりやっていることが伝わり、表現も見えやすい。また、曲調はある程度変わったほうが表現の多様性なども出しやすい。表現力に自信がないチームであればなおさら曲による変化はうまく利用するとよい。動きのメリハリも曲の力でかなりカバーできる。

物語性のある曲

　技術や表現力に長けたチームの演技ならば、無機質な印象の曲でも、それがクールな表現にもなる効果があるが、熟練度の高くないチームではそうもいかない。曲を聴けば誰もがその物語をイメージできるような曲は、選手の表現もサポートしてくれる。はじめのうちは、曲のどこでどんな表情を見せればいいか教えてくれるようなストーリーのある曲を使ってみよう。

> **!** 団体では「ダイナミックな変化」が演技中に3回は必須となっているため、曲も少なくとも3回は変化するものを選ぶようにしよう。

よく見られる「技術的欠点」（身体の動き）を意識する

身体の動きに対する減点は、ほとんどが個人種目と同様で、身体難度における不正確な形や実施に関して、そのミスの程度によって 0.1、0.3、0.5 かそれ以上が減点される。身体難度の減点は、個々が能力と熟練度を向上させて減らしていくしかない。柔軟性やキープ力、跳躍力など何が不足しているのかを自覚して、その不足を埋めるトレーニングに個々に取り組もう。

また、団体特有の減点として、「同時性に欠ける」また、「フォーメーション内の不正確なライン」があり、これらも 0.1 の減点となる。

ここがポイント！

技術的欠点のほとんどは、選手ごとではなく、ミスした選手数に関わらず一括で減点される。3人ミスしたから3倍の減点にはならないが、1人でもミスすれば減点になるので気をつけよう。

ジャンプ

重心が後ろにあり、傾いてしまった着地。0.3の減点になる。

ここをCHECK!

ジャンプは高さとフォームがクリアしていても、着地で減点されることが多い。最後まで油断せず着地しよう。

Check1 開脚度の不足、脚がひきつけられていない、などフォームが不正確ではないか。

Check2 開脚する左右の脚が同時ではなく、シーソーのように動いていないか。

Check3 着地が重かったり、後ろに傾いたりしていないか。

ローテーション

軸が傾いているので、回転し終えたときに脚が出てしまい、0.3の減点になる可能性が高い。

ここをCHECK!

回転中のフォームを正確にすること、回転中にはかかとを高く保持し、はずまないようにすることが必要だ。

Check1 パッセ、アチチュード、90度など、動脚はしっかり上がっているか。

Check2 パッセやアチチュードで膝が前にきていないか。

Check3 軸脚の膝が曲がったり、回転中に肩が上がっていないか。

同時性の欠如

バランスの脚を上げるタイミングが1人大きくずれてしまっている。

ここをCHECK!

バランスやローテーションで形を作るまでと終わってからはずれが生じやすいので注意したい。

Check1 脚を上げ始めるタイミングは合っているか。

Check2 脚を上げるスピードは合っているか。

Check3 身体の向き、顔の向きなどは合っているか。

! 同時性を高めるには、お互いを見ながらの練習のほか、音楽に動きの細かい部分まで合わせることが必要となる。5人それぞれが音楽にぴったり合わせられれば5人の動きはおのずと揃うようになるはずだ。

起こりがちな「技術的欠点」(手具)を減らしていこう!

　技術減点でもっとも大きいのが移動や落下による減点だ。たった2歩の移動で0.3、落下はその場でも0.5も減点になる。これでは、必死に走り回りながらなんとか手具を落とさずに演技を終えたとしても、実施点はほとんど残らないということになってしまう。

　移動や落下を防ぐには、まず投げの精度を上げることがもっとも重要だ。現在のルールに対応するには、練習のときからこれまで以上の正確さを求めてやっておきた

い。さらに、受ける側も「移動しない」という意識をしっかり持ち、投げの狂いにはどう対処するか素早く判断しよう。

ここがポイント!

　1回の交換で複数の選手が落下した場合、落下した選手の人数分の減点が発生する。その場で落下 (-0.5) した選手と、落下して1〜2歩移動して取り戻した選手 (-0.7) がいれば1.2の減点となる。

不正確な操作

両手キャッチになっている。

リボンの軌跡が乱れている。

ここをCHECK!

手具の不正確な操作による減点は、団体に限らないものなので、各自で正確な操作を練習しよう。

Check1 ボールをつかんだり、両手キャッチしたりしていないか。

Check2 手具の転がしで、バウンドしていないか。

Check3 ロープ、リボンなどは軌跡がきちんとかけているか。

移動

右端の選手が大きく前に移動してキャッチしている。

ここをCHECK!

移動は1歩で0.1、2歩で0.3、3歩またはそれ以上の移動は0.5の減点になる。少しのずれには移動せずに対処しよう。

Check1 飛んでくる手具の軌道をしっかり確認しているか。

Check2 軌道のずれを素早く判断し、移動しないでキャッチできるよう対処しているか。

Check3 投げはずれていないのに、不用意に脚が動いていないか。

落下

右端の選手が大きすぎた投げをキャッチできずに落下している。

ここをCHECK!

落下は、その場で取り戻せても0.5、移動して取り戻せば0.7から1点以上の減点になるので絶対に避けたい。

Check1 飛んでくる手具の軌道をしっかり確認しているか。

Check2 軌道のずれを素早く判断したらダッシュするなど、すぐに反応できているか。

Check3 手具をキャッチするまでしっかりと見ているか。

! 移動や落下を防ぐには、自分が受けるべき手具の軌道を早く確認して、そのずれの程度によってどう対応するか素早く判断し、瞬時に動くことだ。移動はしない方がよいとは言っても状況による。落下を防ぐためなら場合によっては猛ダッシュも必要となる。

親バカからサポーターへ。団体が親も成長させる

　子どもの年齢が低い間は、親はたいてい我が子に夢中だ。それは愛情の表れに違いないので否定はしない。しかし、それがいきすぎると、親バカになってしまう。そして、新体操をやっていると「うちの子が一番頑張っている」という見方しかできなくなってしまいがちだ。ジュニアクラブでは、親同士がもめることも少なからずあるが、それはたいていの場合、それぞれの親が、「我が子しか見えていない」ために起きるのだ。

　我が子しか見えない親だと、団体メンバーになることを好まない場合もある。「団体でひとまとめではなく、うちの子だけを見てほしい」そんな気持ちがあるからだ。しかし、そんな人こそ、我が子が団体で頑張る経験をするとよいと思う。団体では、我が子だけがうまくてもチームとしての向上はない。チームとしての向上を願うならば、他の子の成長も喜べるようになる。一緒に練習している姿を見聞きしていれば、我が子だけでなく他の子も頑張っているということを認められるようになる。

　はじめは「ライバル」と思っていた選手のことも、同じ団体のメンバーとなれば、心強い仲間と思えるはずだ。「我が子の頑張り」しか見えなかったのが、じつは我が子も周囲に支えられ助けられていることがわかるようになる。

　団体を経験したことによって、チーム全体、クラブ全体を応援できるようになり、頼もしいサポーターになる保護者も多い。団体経験は親にも成長の機会を与えてくれている。

Part 6

団体演技に生きるトレーニングを取り入れる

ひたすら団体演技を練習するのではなく
必要なトレーニングを日々積み上げていくことが
団体演技の質を上げ、得点アップにもつながっていく。
正確さや判断力、同調性など団体には不可欠な能力を伸ばす
代表的なトレーニング法を覚えておこう。

日本女子体育大学の基礎トレーニングを学び、参考にしよう!

動画でチェック!

　新体操の基礎トレーニングは、非常にメニューが多く、すべてをきちんとやっていたらトレーニングだけで練習時間が終わってしまう。基礎を大切にすることは素晴らしいが、今の新体操はそれだけでは点数には結びつかない。団体ならなおさら手具の練習は不可欠だ。

　試合が近いかどうかで、練習時間の配分を変化させ、基礎トレーニングにかけられる時間が短い時期は、毎日すべてをやるのではなく内容に変化をもたせ、バランスよくトレーニングしよう。柔軟や筋トレなど必要度に個人差があり、自宅でもできることは全体練習では省くなどの工夫もしたい。

ここがポイント!

　バーレッスンやストレッチなどはトレーニングの入門書が数多く出版されている。
　また、体育大学主催の講習会などでも最新のトレーニングを教えてもらえるので、有効なトレーニング方法を常に模索しよう。

バーレッスン/ストレッチ

トレーニング序盤では、バレエや柔軟（ストレッチ）などを行う。バレエはバーを使ったバーレッスンと床面での床バー。バーでも床でのト

レーニングでもセラバンドを使用し負荷をかけていた。つま先や甲のストレッチは、時間をとり個々に行っていた。

ここをCHECK!

練習時間が短い場合は、ある程度選択してトレーニングを行い、1週間のスパンなどでまんべんなく行う。

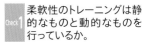
Check1 柔軟性のトレーニングは静的なものと動的なものを行っているか。

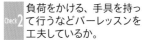
Check2 負荷をかける、手具を持って行うなどバーレッスンを工夫しているか。

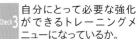
Check3 自分にとって必要な強化ができるトレーニングメニューになっているか。

全員で行うアップ

はじめは体の動きも小さく、簡単なものからだんだん大きな動きになっていくように組み合わせた一連の「アップ」を行う。音楽をかけ、

全員か少なくとも団体のメンバーは一緒に行うようにして、基礎のトレーニングと同時に同調性やリズム感も養っている。

ここをCHECK!

それぞれの動きが音楽に合っているか。同列の人と揃っているかを意識しながら行う。ひとつひとつの動きがより正しい形にできるようにトレーニングする。

Check1 バランス、ジャンプ、ローテーションをバランスよく行っているか。

Check2 音楽を感じながら、リズムよく行っているか。

Check3 身体難度はカウントされるレベルを意識して行っているか。

トレーニングには案外、流行がある。一時期、盛んに行われていたトレーニングが後になって否定されることも少なくない。すでに検証されている効果的で安心できるトレーニングを実践しよう。

ポイント
41

投げの精度をとことんUP! コントロールトレーニング を毎日やろう!

団体では個人競技以上に「投げ」の正確性が求められる。それも演技の中では、身体難度やステップなど身体の動きと組み合わせながら投げることになるので、ただ投げる以上にコントロールが難しい。「投げ」に関しては、練習を重ねれば誰でも上達が見込めるので、まずは投げだけを落ち着いて練習する時間を設けるようにしたい。

投げのコントロールをよくするためには、まず正しい投げ方で、目標をしっかり見て投げること、手具の軌道を考えて投げることが不可欠だ。投げのミスは、チームに迷惑をかけ、大きな減点にもつながる。トレーニングをどれだけ積んでおいても十分すぎることはない。

ここが ポイント!

「投げを制する者は団体を制す」と言ってもいいほど、投げは団体では重要な要素だ。投げが安定している選手は、メンバーからの信頼も勝ち取ることができる。地道に誰よりも多くの練習を積もう。

1人で行うトレーニング

壁面の高い位置に目標を定める。目標はなるべく狭い範囲にする。

団体演技の中で行う投げ方で壁に向かって手具を投げる。

目標の位置に当てる。当てる回数の目標を決め、達成できるまで行う。

2人で行うトレーニング

片方がボールを入れる筒を持ち、3メートルくらい間隔をあけて構える。

片方が筒に向かって、ボールを投げる。

筒を持っているほうがボールを受ける。慣れてきたら距離を広げていく。

　どちらのトレーニングも、団体演技の中で必要な投げと同じ高さ、同じ距離で練習することが望ましいが、そうでなくても、「狙ったところに投げる」というコントロール力をつけることはできる。「当てられればOK！」ではなく、いざ団体演技をやったときに自分の投げを受ける相手が移動せずにキャッチできるだけの精度の高い投げができるように自分に厳しく、正確な投げができるまでトレーニングしよう。少し短い、少し大きいなどを修正する感覚も身につけよう。

！ 本来なら毎日やっておきたいトレーニングだが、試合が迫ってくると練習時間内にはできないこともあるだろう。自宅でも行ったり、試合シーズンではない時期に十分トレーニングしておきたい。

ポイント
42

ミスにも難なく
対処できる判断力、
瞬発力を鍛える

個人演技の90秒間でも、ミスなく演技することは難しい。それが団体となると2分30秒間を5人で演技する。当然、たくさんのミスが起きる。練習ではどのチームも「ノーミス」を目標に掲げるが、実際のところ、ミスは起きるものとして、それをどれだけカバーできるかが団体の勝負どころとなる。

そこで求められるのが、状況を目や耳など五感で察知し、頭で判断し、筋肉を動かす能力＝コーディネーション能力だ。視野を広く持ち、フロア上で起きていることに素早く気づき、適切な対応をする。団体には絶対不可欠な能力なので、トレーニングで向上をめざしたい。

ここが**ポイント！**

団体選手にとっては「視野の広さ」は大きな武器となる。自分のやるべき技、動きだけに気をとられず、常にチーム全体の動きに目配り、気配りできる能力は、必ず重宝されるので養っておきたい。

フープでボールキャッチ · 背面キャッチボール · バランスジャグリング

フープを腰回りに持って背中を向けて後からボールを投げてもらう。

2人で背中を向け合って、2メートルくらい間をあけて立ち、両手に持ったボールを後ろ向きに投げる。

バランスボールにまたがり、バランスをとりながらクラブを身体の前で持つ。

フープを持っている方が向きを変え、ボールの落下地点に移動する。

移動せず、後ろ向きのまま両手でボール1個ずつをキャッチする。

クラブでジャグリングをする。

ボールが、背中側のフープの中に落ちる位置に入る。

大成功!

リズミカルになるべく長くジャグリングを続ける。

ここをCHECK!

視野外で投げられたボールを視野外でキャッチする、視野外の感覚を磨くトレーニングだ。

- **Check1** 投げにすぐ反応し、向きを変えて素早くボールの位置を目で把握できているか。
- **Check2** ボールの落下点を予測し、すぐに移動できているか。
- **Check3** 視野外になるフープとボールの距離感はつかめているか。

ここをCHECK!

視野外の目標に向かっての投げ、視野外でのキャッチを両手で行う難しいトレーニング。

- **Check1** お互いの距離感をしっかり把握できているか。
- **Check2** 視野外に飛んできたボールに対して適切な位置に手は出ているか。
- **Check3** ボールに対して両手が等しく反応し、キャッチできているか。

ここをCHECK!

ボールの上で身体のバランスをとることと、クラブの操作を同時に行うトレーニング。

- **Check1** 体幹をしっかり締め、ボールの上に安定してのれているか。
- **Check2** リズミカルにクラブを手から離して操作できているか。
- **Check3** クラブはなるべく手から大きく離せているか。

 コーディネーショントレーニングは、遊びかゲームのようで目に見えて効果が出そうな感じはしない。が、続けることで確実に成果が出るものなので、団体選手にはとくに必要なトレーニングだ。

ポイント
43

同調性を高めるための
トレーニングを
取り入れよう

　複数の人間が高い同調性をもって動くのを見ると、不思議なほど人は感動する。日体大の集団行動や男子新体操の団体がエンターテインメントとして高い人気を誇っているのはその同調性の高さゆえだろう。

　新体操の団体演技でも、同調性は欠かせないものだ。とくに日本の団体は同調性に関しては世界でもトップレベルにあると言える。

　せっかく団体をやるのならば、日本人の特性とも言える「揃える」ことにはぜひこだわって「これぞ団体！」という演技をめざしたい。技術的にそれほど高くないチームならなおさら、同調性には徹底的にこだわり、チームの強みにしよう。

ここがポイント！

　目で見て合わせるだけでなく、各自が音に合わせることによって5人の動きを揃える、呼吸によって動きを揃えるなど、揃えるためには五感をフルに駆使しよう。

お互いを見ながらチェック

実際のフォーメーションとは違っていても、円になってお互いに身体難度やポーズを確認し合うことで形を揃えていこう。

5人揃ってのフェッテバランス。円になってお互いを見ながら練習する。

ポジションの形を揃えるだけでなく、ポジションを変えるタイミングも合わせる。

ここをCHECK!

バランスは出来上がった形は揃えやすいが、脚の上げ下ろしの動き始めやスピードを合わせるのは難しい。そこが揃えば、同調性をアピールできるので、時間をかけても揃えよう。

Check1 動脚の上げ始め、上げるスピード、上げた脚の角度、フープの高さ、顔の向きは揃っているか。

Check2 動脚をパッセにするタイミング、パッセの形、フープの面、腕の高さ、指先の形まで揃っているか。

Check3 かかとは高く、軸脚の膝の曲がりはなく、動脚のつま先は伸び、股関節のずらしはない正しい形になっているか。

外からチェックしてもらう

お互いに見ていれば合わせられるものも、フォーメーションが変われば見えなくなり、狂いが生じてくる。外からのチェックも行おう。

5人の動き、形、フォーメーションを外から1人がチェックする。

自分では見えないパンシェの動脚の高さを外から見て合わせてもらう。

ここをCHECK!

視線が前に向いていないときは、自分の腕の位置がどこにあるのか把握しにくい。外からチェックしてもらい修正の指示をしてもらおう。

Check1 角度が微妙な、難度ではないポーズでも正しい形をメンバーで共有できているか。

Check2 ポーズからポーズに移る途中の動きも揃えるように意識できているか。

Check3 パンシェでは動脚の位置、上体の高さ、腕の形まで揃っているか。

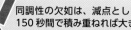 同調性の欠如は、減点としてはそのつど0.1でそこまで大きな減点ではない。しかし、小さな減点も150秒間で積み重ねれば大きい。ここでの減点は極力おさえよう。

ポイント 44 日常の練習スケジュールの組み方を日本女子体育大学に学ぶ

長時間の練習（土日祝日など）

時間	練習内容	とくに意識すること
10:00	ストレッチ	筋肉の凝りや今日の体調はどうかを確認する。
10:30	アイソレーション	各関節を部分的に動かせるように意識する。
10:45	バレエレッスン	美しく動けているか全身に意識を置く。
11:15	アップ	バレエレッスンのセンターと同様に行う。内容は毎日少しずつ変更する。
11:30	交換の確認	2人組で全ての交換を確認する。
11:40	連係の確認	全員ですべての連係を確認する。
12:00	通し練習	平日よりも精度を高める。表情を統一させるなど細かい部分もつめて練習する。 フレーズ練習も行う。 通しを行い、ミスの出た前からその後までフレーズを連続3本、成功するまで行う。 通しで指摘された箇所の練習をお互いに確認しながら行う。
13:45	クールダウン 昼休み（昼食）	アイシングを行いながら、使った筋肉をリセットする。
15:00	ストレッチ	筋肉の凝りや午後の体調はどうかを確認する。
15:30	アイソレーション	各関節を部分的に動かせるように意識する。
15:45	通し練習	動きの同調性など、平日は詰められない箇所に時間をかけて練習する。 フレーズ練習も行う。 通しを行い、ミスの出た前からその後までフレーズを連続3本、成功するまで行う。 通しで指摘された箇所の練習をお互いに確認しながら行う。
18:30	クールダウン	アイシングを行いながら、使った筋肉をリセットする。2人組でマッサージを行う。
19:00	練習終了	

大学では、団体と個人は基本的に別々に練習しており、練習メニューも違うためここでは団体選手達のスケジュールを紹介しておく。原則的には前半の基礎トレーニングは全員で、作品練習はチームごとに行っている。

ここがポイント!

東日本インカレには団体3～4チームが出場する日女。Aチームではなくても大会という目標をもって練習できる環境を作るようにしている。

短時間の練習（平日）

時間	練習内容	とくに意識すること
16:30	ストレッチ	筋肉の凝りや今日の体調はどうかを確認する。
17:00	アイソレーション	各関節を部分的に動かせるように意識する。
17:30	バレエレッスン	美しく動けているか全身に意識を置く。
18:00	アップ	バレエレッスンのセンターと同様に行う。内容は毎日少しずつ変更する。
19:50	交換の確認	2人組で全ての交換を確認する。
19:00	連係の確認	全員ですべての連係を確認する。
19:20	通し練習	時期によって異なるが、ノーミスを2本から5本出す。2種目行うフレーズ練習も行う。 通しを行い、ミスの出た前からその後までフレーズを連続3本、成功するまで行う。 通しで指摘された箇所の練習をお互いに確認しながら行う。
21:20	クールダウン	アイシングを行いながら、使った筋肉をリセットする。
21:30	練習終了	

年間のスケジュールの組み方を日本女子体育大学に学ぶ

大学生にとっては、毎年秋に行われる発表会が、大会出場に勝るとも劣らない大イベントになる。春先は、ほとんどの部員が東日本インカレになんらかの形で出場するため、部を挙げて試合モードになるが、東日本インカレが終わると、全日本インカレに出場する選手以外は、一気に発表会モードになる。

発表会作品では、競技作品ではできないことにも挑戦し、翌シーズン以降の競技力の向上も図ることができ、学生たちにとって大きなモチベーションとなっている。

ここがポイント！

年末に行われる新人戦・交流戦は、次のシーズンへの課題を見つける場になる。大学生は大会数が少ないので、出場機会はなるべく多くの選手で出るようにする。

年間スケジュール		
月	主なイベント	とくに意識すること
1	強化合宿	基礎を中心にトレーニングを行い、身体づくりをする。 新しい作品創作を行う。
2	各地の演技会	演技会や発表会に出演し、新しい演技での実践を行う。
3	各地の演技会 サンライズカップ 海外コーチ招聘	演技会や発表会に出演し、新しい演技での実践を行う。 色々なアドバイスをもとに修正を加える。 海外から優秀なコーチを招き指導を受ける。
4	強化合宿	シーズンに向けて踊りこみを行う。 演技の完成度を高める。
5	強化合宿 東日本学生新体操選手権大会	合宿を行い、技術の完成度と共に、チーム力を強化する。 優勝を目指す。
6		全日本学生新体操選手権に向けて問題点や課題を解決する。 演技の修正を加える。
7		全日本学生新体操選手権のメンバーを決定し、完成度を高める。
8	強化合宿 全日本学生新体操選手権	合宿を行い、技術の完成度と共に、チーム力を強化する。 優勝を目指す。
9	部員全員合宿	発表会の演技を部員全員で創作し、披露する。 発表会の練習とあわせて、全日本新体操選手権に向けての強化合宿を行う。 問題点や課題を解決し、演技の修正を行う。
10	演技会出演 強化合宿 全日本新体操選手権	演技会に出演し、実践を行う。 合宿を行い、技術の完成度と共に、チーム力を強化する。 優勝を目指す。
11	新体操部演技発表会	部員全員で創りあげる発表会に出演する。 1年間の総まとめを行い、4年生は引退をむかえる。
12	次年度作品創作 強化合宿 海外コーチ招聘	合宿で次年度のレギュラーセレクションを行う。 基礎を中心にトレーニングを行い、身体づくりをする。 新しい作品創作を行う。 海外から優秀なコーチを招き指導を受ける。

アンサンブル（複合手具）の面白さ

　ジュニアの団体は、5人が同じ手具を持って行うが、シニアになると「アンサンブル」という2種類の手具を使う団体も行われる。国内の高校生の大会は年度によるが、大学生や国際大会などの団体総合では2種目の演技を行うがその片方は必ずアンサンブルだ。

　新体操をジュニアで卒業してしまうと、アンサンブルの団体は経験できないが、一見難しそうに見える2種類の手具による団体は、難しいながらも創造力が発揮できて、面白い作品になることが多く、やりがいがある。

　観客にとっても、単一手具の団体よりも、独創的な手具の使い方が見られるアンサンブルは楽しい団体ではないかと思う。東京五輪が行われた2021年はフープ＆クラブが団体種目で2008年の北京五輪のときと同じだった。世界で、五輪で戦える日本のスタートとなった北京五輪と同じ種目で東京五輪を戦うことにはちょっとした運命を感じたが、この組み合わせは、クラブをジョイントとして使ってフープをつないだり、クラブの複数投げを多用するなど、エキサイティングな作品が多かったことが記憶に残っている。

　団体の面白さをより際立たせてくれるアンサンブルの演技は、ジュニア世代の選手や保護者にはあまり見る機会がないかもしれないが、ぜひ機会を作って見てほしい。そして、できることなら、「アンサンブルをやるまで新体操を続けたい」と思ってくれれば、こんなに嬉しいことはない。

Part **7**

団体ならではの
チームワークの育て方を
知ろう!

団体には絶対に必要なもの。
それが「チームワーク」だ。
ではその「チームワーク」はどうすれば育つのか。
もちろんチームによって正解は違うが、どんなチームにも
きっとヒントになる考え方がある。

チームの一体感を
高めるための
工夫をしよう!

団体は、「5人が5つ子のように見える」のが理想と言われるが、その一体感を培うためには日ごろの過ごし方から工夫と努力が必要だ。練習では、団体作品を練習するときだけでなく、アップやトレーニングからなるべくまとまって行動し、基本の動きから合わせることを意識しておく。作品練習のときはもちろんだが、練習中はなるべく声をかけ合い、常にお互いを気にかけて

いることを伝え合おう。

フロアでの演技が始まってからは、自分のことだけで精一杯にならず、視野を広くもって、5人でひとつの作品を踊っている、ということを意識したい。大きな絵に分担して色を塗るとしたら、自分のところをうまく塗ることだけ考えていたら、全体のバランスがおかしくなってしまう。それと同じだ。自分だけがうまく踊る、ミスしないことだけを考えず、5人全員が、「5人で踊っている」ことを意識すれば、そこには一体感が必ず生まれてくる。

さらに、フォームや動きだけでなく、呼吸を揃えることで一体感は高まる。曲のどの部分、動きのどの部分で呼吸するかを決めておき、5人が一斉に息を深く吸う、または吐く。そうすれば、フロア上の空気が動く。演技の要所要所では、お互いの顔を見て、目を合わせる、そんな演技は見ている人の心を動かすものだ。

ここが ポイント!

おそろいのアクセサリーやマスコット、おまもりなども「みんな一緒」という気分を盛り上げる効果がある。フロアで踊る5人だけでなく控え選手の分も揃えて一体感を高めよう。

ミスが出ても、チームの雰囲気を上げる方法を見つけよう!

ポイント **47**

演技中にミスが出てしまえば、瞬間、チームの空気は悪くなるものだ。それまで必死に練習してきたからこそ、「やってしまった」という落胆がチームを包み込んでしまう。

演技は続いているのだから、起きてしまったミスを気に病んでいる時間はない。選手それぞれが気持ちを切り替えるしかないが、チームとしての雰囲気を上げるツボを握っているのはやはり上級生やリーダー的存在

の選手だ。本番の演技中だと声を出すわけにはいかないが、思い切り笑顔で「大丈夫!」と周りを安心させる役を演じてほしい。ミスした選手も仲間が気にしたり、怒ったりしていないとわかれば立ち直りやすい。ミスしたあとの演技をよいパフォーマンスで終えるためには、自分が切り替えるだけでなく、落ち込んだままのメンバーがいないように盛り立てることも必要なのだ。

また、ミスが出たときの対処も日頃から話し合い、練習しておけばミスが起きたときも慌てず冷静に対処できる。たとえノーミスではなかったとしても、ミスを巧みに処理できたときは、別の達成感があるものだ。常に「ミスしないこと」だけをめざすのではなく、ミスもみんなで力を合わせて乗り越えることをめざしたい。そうすれば、ミスで必要以上に落ち込むことなく、かえって団結できる。そんなチームはきっと強くなる。

ここがポイント!

ミスの原因を突き止めて、改善することも大切だが、ミスをうまく処理できたときは、その処理の仕方をきちんと分析し、次にも生かせるようにしよう。

ポイント 48 「練習への取り組み方」に差があるときの意見調整の仕方を考える

志が高く、健康な選手は、毎日の練習を、より高いレベルに到達して終わりたいと考える。しかし、中には、「できれば早く帰りたい」「あまり激しい練習はしたくない」と思っているメンバーもいるはずだ。決して怠惰というわけではなく、体調が悪かったり、家庭の事情などもあるだろう。いくら団体メンバーでも何もかも同じなわけではないのだから、いつも全員が同じ熱量で練習に向かうことは難しいということは理解しておきたい。

それでも、どこかで折り合いをつけるには、練習の前にその日の目標を話し合うようにしたい。やっているうちにだんだんはまってしまい、「ノーミスもう1本!」となると、練習を切り上げたいメンバーにとってはかなりストレスになる。早く帰らなければならない、無理はできないなどは、練習が始まる前に仲間にも指導者にもしっかり伝えておきたい。そして、それを聞き入れる土壌を作っておく必要がある。

言っても聞いてもらえない、と思えば人は意見を言わなくなる。言わずに不満を溜め込めば、いずれ爆発する。高い目標に向かいたければ、その目標をみんなが共有できるものかどうか、しっかり話し合うようにしよう。今のチームの状況にとって実現可能と思える目標が共有できれば、おのずと取り組み方の差も埋まってくるはずだ。

ここがポイント!

目標はなるべく具体的に、そしてハードルは少しずつ上げていくとよい。交換は落とさなければOKなど、まずは達成できそうな目標を立てよう。

ポイント
49 作品の理解に差があるとき、チーム内の意見のまとめ方を考える

　同じチームで同じ作品を踊っていても、イメージを持っている選手とそうでない選手がいると、せっかく表現しようとしているものが薄れてしまう。せっかく5人で描き出す世界なのだから、より深く作品を掘り下げて、強くイメージを持っているメンバーの意見には耳を傾けるようにしたい。それは技術の巧拙や年齢の上下などを超越した能力と言ってもいい。

　新体操はスポーツなのだから、考えることよりも体を動かしたり、技に挑戦するほうが得意なタイプの選手もいていいし、そういう能力も必要だ。それでも、それと同じくらいに作品の世界をイメージする力も必要なのだ。ある程度、作品がまとまってきたら、その作品の持つ物語をみんなで考え、共有するという作業に時間をとるのもいい。同じ演技でも、そういう作業を経たあとは見違えるようになる例も少なくないのだ。

　勇壮な音楽に、キレのいい動き、力強い目線での演技ならば、見ている人は「強い印象、戦いの場面」などは思い描きやすい。しかし、もしもより深い表現を見せたいと考えるならば、その強さは何のための強さなのか、何と戦っているのかのイメージを持っておきたい。そこまで演技で伝えることはできなくても、持っているのといないのでは見え方が違う。

ここがポイント！

　映画やミュージカル、バレエなど原典がある場合は、見てみるとイメージが共有できる。できれば団体メンバーで一緒に鑑賞してみよう。

ポイント
50

「団体だからこそ」の面白さや喜びを見つけよう！

2000年以降、新体操で世界に後れをとっていた日本は、まず団体を強化するという方針を立てた。当時は、個人ではとうてい世界では戦えない、と考えられていたからだ。しかし、日本人の得意な同調性や手具操作の創意工夫が生かせる団体ならば、なんとか食らいつけるのではないか、そう考えたのだ。そして、実際そうなった。

団体は、個人の能力を5人分足し算した以上のものを生み出すことができる。そこが団体の魅力であり、日本も世界でメダルを獲れるようになったのと同じように、どんなチームでもミラクルを起こす可能性を秘めている。それが団体なのだ。

一人ずつはごく平凡な選手だったとしても、5人で必死に練習すれば、観客を沸かせるようなエキサイティングな演技ができるようになることもある。そしてその達成感を自分ひとりではなく、長い時間ともに苦労を重ねてきた仲間と分かち合える。スポーツをやっているうえで、仲間と一緒に喜べる。これ以上のことはない。

新体操はやればやるだけ上達が望めるスポーツだ。団体の場合は、そののびしろが5倍になる。つらい思いも苦しい思いもあるかもしれないが、それも一人で背負うわけではなく、努力の先にはきっと一人では決して手に入れられないような大輪の花が咲く。その日を信じて、毎日少しずつ進化していく自分たちのチームを、自分たちで大切に育ててほしい。

ここが ポイント！

新体操をやっていても団体は条件が揃わなければできない。団体を組める幸運にまず感謝できるようになりたい。

「夢をあきらめないで」

　2021年の東京五輪では悲願のメダルには手が届かなかったものの、世界選手権では何度も表彰台にのぼり、2019年には金メダルまで獲得したフェアリージャパンが、日本の新体操界に希望をもたらしてくれたことは間違いない。

　ただ、その一方で、この10数年、トップをなんとか世界基準に追いつかせようとする強化策をとってきたことによって、多くの子ども達の夢が奪われてきたのではないかという思いも拭えない。2000年以降、日本の強化策では常に「プロポーション」が外せない要素だ。身長の高さや脚の長さなどは努力で変えられないにもかかわらず。「オリンピック選手になる！」と夢を描いていても、今は小学生のうちには、おそらくその夢はかなわないということがわかってしまう、そんな状況にあった。

　それでも、新体操が好きで、高校生、大学生になっても生活の大半を新体操に捧げているような選手たちの存在は、本当に尊いものに感じられる。夢が実現する可能性があるかどうか、は超越したところで彼女たちは新体操を選んでくれているのだから。

　そんな「新体操を選んでくれた選手たち」が、2018年4月のアジア新体操選手権大会に日本代表の団体として出場した。スケジュールの都合でフェアリージャパンではなく前年度全日本優勝の日本女子体育大学にチャンスが巡ってきたのだ。そして、彼女たちはそこで見事に金メダルを獲得した。あきらめずに続けていれば、こんなことがあるのだと教えてくれた貴重な金メダルだった。

アスリートQ&A

大野知奈実選手
（金蘭会高校出身）
2018年アジア新体操選手権団体優勝
キャプテン（フープ×5）

阿部麻由選手
（駒場学園高校出身）
2018アジア新体操選手権団体優勝
キャプテン（ロープ&ボール）

Q

団体をやっていて何が一番よかったですか？個人以上に団体がいいと思えるのはどんなところでしょうか？

A

喜びは5倍になるし、失敗のつらさも分かち合えるところ。本番でも5人でなら力が出せる。（阿部）

いい時も悪い時も、同じ気持ちを分かち合えるのは、個人よりも団体だと思います。自分の調子が悪い時や、ミスをしてしまった時、自分のことのように心配してくれる仲間がいるから、一人ならあきらめそうなことも、周りのみんながいるから頑張ろうと思えます。個人だと沈んだ気持ちを上げるのは自分しかいない。けれど、団体には仲間がいる。それは本当にありがたいことだと思います。（大野）

Q 団体をやっていくうえで、つらかったことはないですか？ つらいときにはどうやってそれを乗り越えて、続けてこれたのですか？

A 自分でつらいと思うよりも前に、周りが気づいてくれたこともある。つらいことを乗り越えさせてくれたのもやはり仲間。（大野）

団体の練習を毎日やっていると、うまく進まなくなる時期があります。どうしてもうまくいかない技などがあると、自分もいらいらするし、周囲の空気も悪くなる。そういうとき、私は、自分でなんとかしようとするのではなく、周りに頼ることにしていました。もちろん、話し合いますし、言い合いになったこともありますが、一緒にやってきたメンバーなので、頼れば最後は応えてくれるし、助けてくれる。それで頑張れました。（阿部）

おわりに

　この本を手にとってくださったあなたは、きっと新体操が大好きで、向上心でいっぱい！　なのだと思います。

　日々更新される新体操の最新情報を常にキャッチすべく、アンテナを高くしておくことも上達の秘訣とも言えます。

　この先、あなたが「もっと新体操のことを知りたい！」と思ったとき、または試合に出ることになったとき、きっとあなたの支えになってくれるサポーターたちを最後に紹介しておきます。

　そして、この本もまたあなたの新体操選手としての成長を少しでもお手伝いできたなら、こんなに嬉しいことはありません。

本書の動画を続けて見る場合

右のQRコードから各ページで紹介したすべての動画を続けてご覧いただけます。
https://youtu.be/IMCC0_e0yto

あなたの上達を支えるサポーターを見つけよう

新体操教本（2017年版）

日本体操協会コーチ育成委員会制作。新体操の歴史からスポーツ栄養学、コンディショニング、メンタルトレーニング等。分野ごとのプロが執筆を担当。指導者向けではあるが参考になる。（日本体操協会HPに購入方法あり）

新体操採点規則（2022-2024年）

FIG（国際体操連盟）による2022-2024年の採点規則の日本語版。審判資格はなくても購入は可能。新体操のルールを知るためには手元に置いておきたい。（日本体操協会HPに購入方法あり）

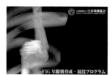

FIG年齢別育成・競技プログラム

　FIG（国際体操連盟）によって、若い選手達の身体的・精神的発達を尊重するやり方を念頭において開発され、2019年1月に発行された。年齢別、目的別の必須要素や技術習得一覧表、身体能力テストプログラムなどが提示されている。（日本体操協会HPに購入方法あり）

（公益財団法人）日本体操協会公式サイト
http://www.jpn-gym.or.jp/
国際体操連盟の傘下「ナショナルフェデレーション」の機関。国際大会への代表選考をはじめ海外大会への派遣を含め、新体操競技に関わる選手　指導者の育成、国内外の大会運営などを行う機関。公式サイトには、大会情報、大会結果、大会レポートなど主催大会の情報が掲載されている。「協会販売物一覧」から、採点規則や教本などの購入もできる。

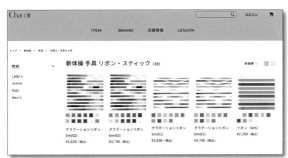

チャコットオンラインショップ
https://shop.chacott.co.jp/rg/
練習用ウェア、ハーフシューズ、手具、ボディファンデーション、トレーニングウェア、トレーニンググッズ、雑貨など。新体操に必要なものはなんでもそろう。グラデーションのリボンやキャッチミスを軽減するクラブなど、手具はデザイン性と機能性に富んでおり、バッグや手具ケースなどもセンスの良いものが多い。コスメティクスも充実。

rhythmicgymnasticsjapan
https://instagram.com/rhythmicgymnasticsjapan?igshid=MzRIODBiNWFIZA==
日本体操協会新体操専用 instagram。フェアリージャパンや日本代表選手のコメント動画や日本体操協会主催の大会のハイライト動画などが発信されている。国内大会、国際大会の最新情報がわかり、選手を身近に感じることができる。

jwcpe_rg
https://instagram.com/jwcpe_rg?igshid=MzRIODBiNWFIZA==
日本女子体育大学新体操部公式instgram。
発表会情報や練習風景、新体操部の日常、大会結果などを日女の新体操部員が担当して発信している。「大学の新体操部」の様子を垣間見ることができるので、大学進学を考えている人は必見！

日本体操協会公式
X(旧Twitter)
@GymnasticsJapan
2018年4月より発信開始。大会時には実況なども行われ、多くのフォロワーを獲得している。専門家による的確な実況は信頼感抜群と高く評価されている。

新体操NAVI
https://www.youtube.com/channel/UC26U28Q5CijtKSvmD9g6fVw
2020年10月にスタートしたNPO法人日本ビデオアルバム協会制作の新体操応援チャンネル。YouTubeに公式チャンネルを設け、全国のクラブ紹介や大会レポートなどを公開している。

協力

監 修 ◆ 日本女子体育大学新体操部部長　橋爪みすず

協 力 ◆ 日本女子体育大学新体操部コーチ　高橋弥生・清澤毬乃

モデル ◆ 大野知奈実・阿部麻由・日高桃子・林愛華・栗原杏奈・財津莉奈・中井沙季・
佐々木美雨・塩澤有紀・西岡慈里・羽原瑠那・猪又涼子・清澤毬乃・
藤井雅・志村ももか・唐澤鈴菜・河野実音・中村胡桃・有働未媛・竹内佑季・
山田千尋・柴山梨央・二木乃愛・大町美羽・木村美結・愛甲唯姫

イメージ写真◆日本女子体育大学新体操部

Staff

制作プロデュース ◆ 有限会社イー・プランニング

構成・執筆 ◆ 椎名桂子

撮影 ◆ 岡本範和

撮影助手 ◆ 渡辺孝子

写真提供 ◆ 清水綾子　末松正義　末永裕樹　赤坂直人

デザイン・DTP ◆ 株式会社ダイアートプランニング　山本史子

動画付き改訂版　魅せる！新体操　団体 上達のポイント50

2023 年 9 月 20 日　　第 1 版・第 1 刷発行

監修者　橋爪　みすず　（はしづめ　みすず）
発行者　株式会社メイツユニバーサルコンテンツ
　　　　代表者　大羽　孝志
　　　　〒 102-0093 東京都千代田区平河町一丁目 1-8
印　刷　株式会社厚徳社

◎『メイツ出版』は当社の商標です。

ご意見・ご感想はホームページから承っております。
ウェブサイト　https://www.mates-publishing.co.jp/

企画担当：堀明研斗

※本書は 2018 年発行の『チームで魅せる！新体操　団体　上達のポイント 50』を元に、動画コンテンツ
の追加と書名・装丁の変更、必要な情報の確認・更新を行い、「改訂版」として新たに発行したものです。